Michael Embach

Das Ada-Evangeliar (StB Trier, Hs 22)

Ein Hauptwerk der Hofschule Karls des Großen

Kostbarkeiten der Stadtbibliothek Trier
Band 2

paulinus

Die Deutsche Bibliothek – CIP-Einheitsaufnahme
Die Deutsche Bibliothek verzeichnet diese Publikation in der Deutschen Nationalbibliografie; detaillierte bibliografische Daten sind im Internet unter http://www.dnb.ddb.de abrufbar.

3., erweiterte Auflage 2023

Reihe: Kostbarkeiten der Stadtbibliothek Trier Bd. 2
Printed in Germany
Fotos: Anja Runkel; Stadtbibliothek Trier
Gestaltung, Satz, Herstellung: Adriana Walther, Paulinus Verlag
ISBN 978-3-7902-0538-1
www.paulinus-verlag.de

Inhaltsverzeichnis

Vorbemerkungen

„Die Adahandschrift der Trierer Stadtbibliothek steht als Denkmal der rheinischen Geschichte ihrer Art nach einzig da; sie ist nicht nur der hervorragendste Prachtcodex des Landes überhaupt, sie ist zugleich die einzige der wenigen rheinischen Handschriften aus karolingischer Zeit, welche der nationalen Empfindungsweise innerhalb der grossen karolingischen Kunst Ausdruck verleiht." (Trierer Adahandschrift, S. VII).

Mit diesen geradezu enthusiastisch klingenden Worten umreißen die Herausgeber einer 1889 erschienenen, monumentalen Publikation zum *Ada-Evangeliar* die Bedeutung des kostbaren Kodex.

Ziel der vorliegenden Publikation ist es, die wichtigsten Aspekte der Trierer *Ada-Handschrift* darzulegen: Verortung des Kodex in der Hofschule Karls des Großen, Entstehungs- und Besitzgeschichte, Text und künstlerische Ausstattung sowie Erscheinungsbild und Deutung des Einbandes.

Als Eingangsinformationen sei hier folgendes „Kurzportrait" des Kodex vorausgeschickt: Das *Ada-Evangeliar* besteht aus einem älteren und einem jüngeren Teil. Im Ganzen rechnet man mit einer Entstehung zwischen ca. 790 und 810. Als eigentlicher Herstellungsort wird Aachen angenommen, für den ersten Teil daneben Worms. Die *Ada-Handschrift* enthält den Text der vier Evangelien in lateinischer Sprache nach der Fassung der *Vulgata*. Das gesamte Werk ist in Gold geschrieben, wobei als Schriften die Unzialis, die Capitalis rustica und eine frühkarolingische Minuskel verwendet werden. Der Kodex umfasst 172 Folien, geschrieben in je zwei Kolumnen zu 32 Zeilen. Bereits das große Format (36,6 x 24,5 cm) unterstreicht den repräsentativen Anspruch der Handschrift, auch wenn die ursprünglichen Ausmaße infolge von Beschneidungen bereits stark geschrumpft sind. Herausragende Bedeutung kommt dem Buchschmuck zu. Er umfasst, abgesehen von den rein ornamentalen Elementen, zehn Kanontafeln, zwei Prachtinitialen und vier ganzseitige Evangelistenbilder. In ihrer plastischen Durchdringung markieren die Bildseiten des *Ada-Evangeliars* den Höhepunkt der Hofschule Kaiser Karls des Großen (Abb. 1). Florentine Mütherich hat die Bilder treffend als „das eigentliche Thema" der Hofschule bezeichnet (Mütherich, Erneuerung, S. 16).

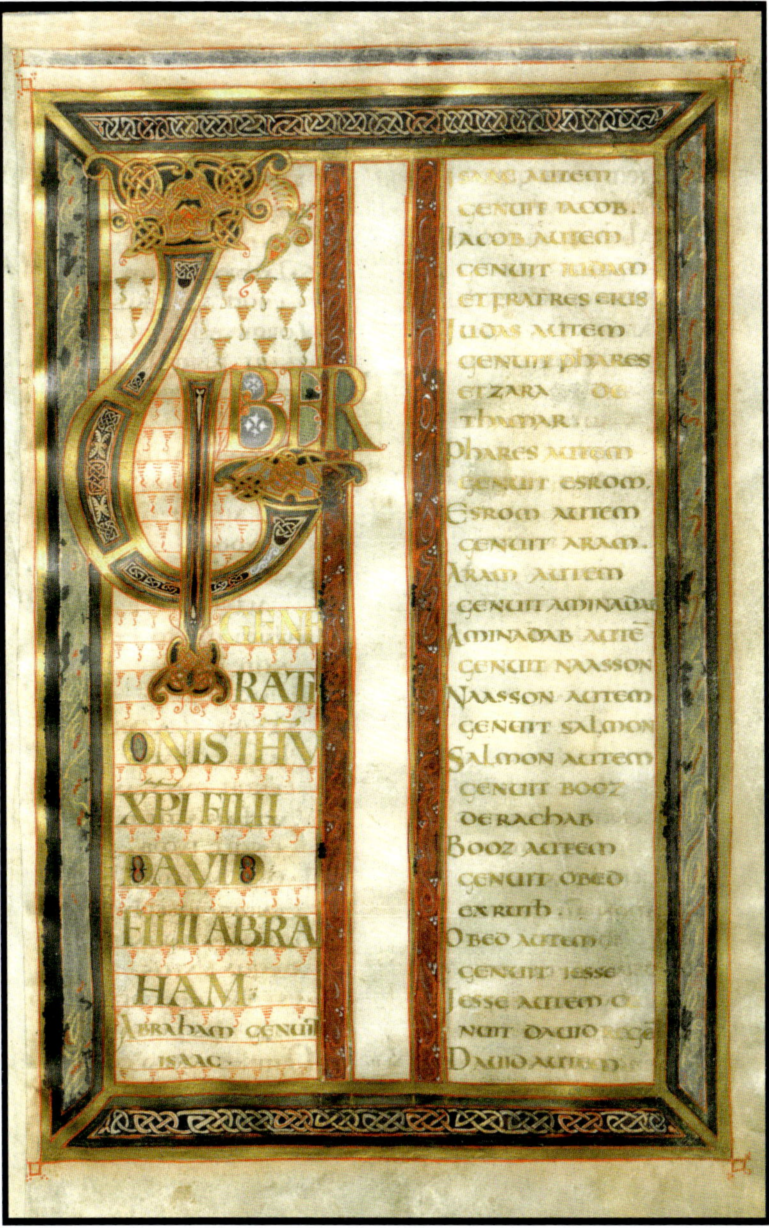

Abb. 1: Ada-Evangeliar, fol. 16r: Textbeginn Matthäus-Evangelium

Das Ada-Evangeliar als Hauptwerk der Hofschule Karls des Großen

Das *Ada-Evangeliar* (Stadtbibliothek Trier, Hs 22) bildet das Hauptwerk einer kleinen, aber sehr bedeutenden Gruppe von Handschriften, die unter dem Namen „Hofschule Karls des Großen" zusammengefasst wird. Das gesamte Korpus wurde früher nach seiner Leithandschrift als *Ada-Gruppe* bezeichnet, gelegentlich findet sich auch der Terminus Metzer Schule oder École du Rhin. Neben den Handschriften werden auch die mit den Kodizes in Verbindung stehenden Elfenbeinarbeiten zur „Ada-Gruppe" gerechnet (Goldschmidt, Elfenbeinskulpturen). Wilhelm Koehler hat die Handschriften aufgrund ihrer opulenten Gestaltung in einer 1958 erschienenen Publikation (Miniaturen, S. 11) dem kaiserlichen Hof und nicht einem klösterlichen Entstehungsmilieu zugesprochen. Seit dieser Zeit wird der Begriff „Hofschule Karls des Großen" verwendet. Das Korpus der Handschriften besteht im Kern aus acht vollständigen Kodizes und einem Fragment. In einzigartiger Weise legen die Handschriften der Hofschule Zeugnis ab vom politischen, kulturellen und kirchlichen Selbstverständnis der karolingischen Epoche, als deren künstlerischer Ausdruck sie gelten. Nicht umsonst hat sich für die Handschriften der Ada-Gruppe der Begriff „Style Charlemagne" eingebürgert. Sämtliche Handschriften bestechen durch ihre prachtvolle Ausstattung, alle Kodizes verbinden die Ornamentik insularer und byzantinischer Kunst mit der Formenwelt antiker Überlieferung. Gleichzeitig repräsentiert die Ada-Gruppe die einzige große Malerschule des Mittelalters, die in die Zeit Karls des Großen zurückreicht und die ihren Ausgang nicht bei den Klöstern, sondern beim Hof nimmt. Alle anderen Schulen sind entweder später entstanden oder sie verweisen auf eine monastische Herkunft. Ohne direkte Vorläufer zu besitzen, offenbart die Ada-Gruppe in einzigartiger Weise das Kunstschaffen der karolingischen Renaissance. „Wie ein Wunder", so Albert Boeckler (Die Evangelistenbilder, S. 121), „steht nach den bescheidenen Werken, die der Kontinent in vorkarolingischer Zeit hervorgebracht hat, hier eine Schöpfung von höchsten künstlerischen Ansprüchen, von vollendeter Originalität der Stilbildung und Sicherheit in der Handhabung der technischen Mittel vor uns."

Folgende Handschriften werden der Hofschule Karls des Großen zugeordnet:

Die Produktion der Hofschule

1. Das *Evangelistar des Godescalc* (Paris, Bibliothèque Nationale, Nouv. acq. lat. 1203), entstanden 781–783.

2. Ein *Evangeliar aus St. Martin-des-Champs* (Paris, Bibliothèque de l'Arsenal, Ms 599), entstanden vor 790.

3. Das *Ada-Evangeliar* (Trier, Stadtbibliothek, Hs 22), entstanden zwischen 790 und 810.

4. Der *Dagulf-Psalter* (Wien, Österreichische Nationalbibliothek, Cod. 1861). Einband: Wien, ÖNB, Cod. 1861 und Paris, Louvre, Département des Objects d'Art, MR 370/371, entstanden vor 795.

5. Ein *Evangeliar aus Centula* [de Saint Riquier] (Abbeville, Bibl. Municipale, Ms 4 [1]), entstanden vor 800.

6. Ein Evangeliar unbekannter Herkunft (London, British Library, Cod. Harl. 2788), entstanden vor 800.

7. Ein *Evangeliar aus St. Médard in Soissons* (Paris, Bibliothèque Nationale, Ms lat. 8850), entstanden um 800.

8. Das *Lorscher Evangeliar* (Alba Julia, Rumänien, Biblioteca Batthyáneum, Cod. II. 1 [Evangelien des Matthäus und Markus] und Biblioteca Apostolica Vaticana, Cod. Pal. Lat. 50 [Evangelien des Lukas und Johannes]), entstanden um 810.

9. Ein Evangelien-Fragment mit der Verkündigung an Zacharias (London, British Library, Ms. Cotton Claudius B. V., fol. 134v), entstanden um 800.

Carl Nordenfalk (Die Buchmalerei, S. 257) rechnet dem Einfluss der Hofschule noch ein Evangelienfragment aus dem Ende des 8. Jahrhunderts (München, UB, Ms. 29 2°) und ein Evangelistar aus dem Anfang des 9. Jahrhunderts hinzu (Los Angeles, The J. Paul Getty Museum, Ludwig Ms IV I; [olim Aachen, Sammlung Dr. Peter und Irene Ludwig, Ms. 2]). Weitere „Derivate" führt Albert Boeckler (Die Evangelistenbilder, S. 121 f.) auf. Bonifatius Fischer (Bibeltext, S. 164) zählt zur Produktion der Hofschule Karls des Großen einen Psalter, ein bis zwei Evangelistare sowie 12 bis 13 Evangeliare.

Die Hofschule Karls des Großen hatte ihren Mittelpunkt in der Aachener Königspfalz. Auch das *Ada-Evangeliar* ist mit hoher Wahrscheinlichkeit in Aachen entstanden bzw. dort zum Abschluss gebracht worden. Allerdings werden in der älteren Literatur daneben die Orte Mainz, Trier, Lorsch und Metz genannt. Mit einer gewissen Wahrscheinlichkeit ist der ältere Teil des Werkes an einem anderen Ort (Worms?) hergestellt worden als der jüngere. Florentine Mütherich (Erneuerung, S. 561) hält es für möglich, dass auch das *Godescalc-Evangelistar* als Frühwerk der Schule in Worms entstanden ist. Die gleiche Lokalisierung zieht Götz Denzinger (Handschriften, S. 168) für den älteren Teil des *Ada-Kodex* in Betracht („Worms [?], vor 791"). Auch Fabrizio Crivello hat die Annahme unterstützt, dass „Godescalc in Worms tätig war, wo die erste Phase der Hofschule Karls des Großen anzusiedeln ist, bevor sie sich in Aachen niederließ" (Crivello, Opus eximium, S. 11). Der Grund für den Wechsel von Worms nach Aachen dürfte in einem an Weihnachten 790 ausgebrochenen Brand der Pfalzkapelle gelegen haben.

Zwei Handschriften der Hofschule – beide sind nach ihren jeweiligen Schreibern benannt – lassen sich mit mehr oder weniger großer Genauigkeit datieren. Das *Godescalc-Evangelistar* ist nach dem 9. Oktober 781 und vor 30. April 783 entstanden. Diese Daten ergeben sich aus dem Widmungsgedicht Godescalcs. Sie markieren den Beginn des 14. Regierungsjahres Karls des Großen und den Tod von Karls Gemahlin Hildegard. Der *Dagulf-Psalter* fällt in die Jahre 783 bis 795. Das *Evangeliar von St.-Martin-des-Champs* wiederum muss aus stilistischen Gründen vor den Abschluss des *Dagulf-Psalters* gesetzt werden. Aufgrund von Indizienschlüssen lässt sich zudem eine Entstehung des *Evangeliars von Abbeville* und des *Soissons-Evangeliars* in die Zeit vor 814, dem Todesjahr Karls des Großen, postulieren. Auch bei den übrigen, nicht genauer zu datierenden Handschriften ist von einer Entstehung zu Lebzeiten Karls des Großen auszugehen. Bedingt durch den Tod des Kaisers scheint die Produktion der Hofschule versiegt zu sein. Untermauert wird diese Annahme, wenn man hinzunimmt, dass zwei der genannten

Handschriften, das *Godescalc-Evangelistar* und der *Dagulf-Psalter*, unmittelbar auf Bestellung Karls des Großen angefertigt wurden. Dies ergibt sich aus den Widmungsvorreden der beiden Kodizes. „Zum ersten Mal seit der Spätantike ist nachweisbar, dass ein Herrscher wieder die Rolle des Initiators und Auftraggebers bei der Produktion von Prachthandschriften einnimmt" (Crivello, Zusammenfassung, S. 95). Damit stellt sich Karl der Große auch im Bereich der Handschriftenproduktion in die Tradition der römischen Kaiser.

Hintergründe und gemeinsame Merkmale der Hofschule

Die Frage, was genau an den genannten Kodizes karolingisch ist und durch welche gemeinsamen Merkmale sie ein in sich geschlossenes Korpus bilden, das als „Hofschulgruppe" bezeichnet werden kann, lässt sich wie folgt beantworten: Die von Karl dem Großen betriebene Erneuerung des fränkischen Reiches erstreckte sich nicht nur auf die Bereiche Recht und Verwaltung, sondern auch auf die Themen Wissenschaft, Kunst und Kirche. Einer internationalen Gruppe von Gelehrten, die von Alkuin (720–804) und Theodulf von Orléans (ca. 750–821) angeführt wurde, fiel die Aufgabe zu, im Bereich der Überlieferung kirchlicher Texte Strukturen zu schaffen, die für das gesamte Reich Geltung besitzen sollten. Die hieraus entstehenden Vereinheitlichungen betrafen vor allem die Bibel, die Liturgie, den Kirchengesang und die Bildkunst. Bereits Pippin der Jüngere (714–768), der Vater Karls des Großen, hatte versucht, die gallikanische Liturgie mit ihren uneinheitlichen Texten und Gesängen abzuschaffen. Da jedes Bistum eigene liturgische Formen und Melodien verwendete, sollte als normbildendes Muster die römische Gottesdienstordnung eingeführt werden. Insbesondere die Bischöfe Chrodegang von Metz († 766) und Remedius von Churrätien († 820), ein (illegitimer) Nachkomme Karl Martells, unterstützten Pippin bei diesen Bemühungen. Karl der Große wiederum äußerte sich über die genannten Gegenstände in seiner *Epistola de litteris colendis, im Capitulare primum* (769) (MGH Capit. I, Nr. 19, S. 44–46, 16) und in der *Admonitio generalis* (789). Demnach sollten die liturgischen und biblischen Texte „bene emendate" (zutreffend verbessert) sowie auf korrekte Weise hergestellt sein. Sie sollten „cum omni diligentia" (mit aller Sorgfalt) geschrieben sein, wie es in der *Admonitio generalis* heißt (MGH Capit. I, Nr. 22, S. 52–62; hier S. 60, Kap. 72). Nur erfahrene Schreiber und Maler („perfectae aetatis homines“ [ebd.]) sollten mit dem Schreiben und Malen beauftragt werden. Damit sollte verhindert werden, dass unerfahrene Jünglinge durch falsches Lesen und Abschreiben die Texte entstellten. Hinter all diesen Bemühungen stand die Sorge um die Unversehrtheit des biblischen Textes und seine allgemeine Verwendbarkeit. Ganz in diesem Sinne berichtet der Trierer Chorbischof Thegan (813–835) in seiner *Vita Ludwigs des Frommen*, Karl der Große habe noch am Tag vor seinem Tod gemeinsam mit griechischen und syrischen Gelehrten den Text der Bibel verbessert *(emendiert)*. Sollte diese Nachricht nicht der Wirklichkeit entsprechen, so ist sie jedenfalls gut erfunden. Hierzu passt, dass Alkuin ein vor allem auf Beda Venerabilis, Cassiodor, Priscian und Isidor von Sevilla basierendes Werk *De orthographia* verfasste, um bei unwissenden Kopisten (zunächst vermutlich der Abtei Tours) die Qualität der Rechtschreibung zu verbessern. Die Schrift, die aus einer alphabetischen Wortliste besteht, lässt die Problematik der korrekten Schreibung von gesprochener Sprache und die Bedeutung des richtigen Schreibens als Voraussetzung der Vermittlung von Wissen erkennen. Auch wenn die Bemühungen Alkuins und seiner Mitstreiter im Einzelnen manches zu wünschen übrig ließen, so haben sie im Ganzen doch reiche Frucht getragen. Bezeichnenderweise äußert sich Alkuin in seinen Briefen 78 und 112, die unmittelbar an Karl den Großen gerichtet sind, anspornend bis lobend über die Angehörigen der Hofschule („iuvene[es] [sive pueri] palatin[i]“; vgl. Monumenta Alcuiniana, VI, S. 347, 459). Die Autorität des Kaisers möge diese dazu erziehen, so Alkuin, auf das Schönste hervorzubringen, was auch immer der strahlende Geist des Kaisers ihnen vortrage. Ein Gleiches gilt für seine Äußerungen innerhalb der Disputatio *De rhetorica* (cap. 35).

Im Unterschied zu der vorausgehenden merowingischen Buchmalerei, die noch rein klösterlich geprägt war, wurde die Kunst der karolingischen Epoche vom kaiserlichen Hof betrieben. Von hier aus knüpften die Künstler Verbindungen zu bedeutenden Bischofssitzen und klösterlichen Skriptorien, die unter der Schirmherrschaft des Hofes standen. Als wichtige Zentren sind zu nennen: Tours, Metz, Orléans, Saint Denis und Corbeil.

Die meisten Werke der Hofschule waren zudem, obwohl sie ausschließlich Texte der Liturgie und der Bibel enthielten, zunächst primär *für den Hof* bestimmt. Dem widerspricht nicht, dass sie von dort aus im Sinne von Ehrengeschenken und Widmungsgaben an bedeutende Empfänger nach außen weitergeleitet wurden. Der *Dagulf-Psalter* etwa war für Papst Hadrian I. bestimmt, auch wenn dieser vor der Überreichung des Kodex verstarb († 25. Dezember 795). Andere Handschriften gingen an wichtige Klöster des Reiches. Genannt sei das *Evangeliar von Abbeville*. Es war für Angilbert (ca. 750–814), den Laienabt von Saint-Riquier (Centula) in der Picardie (Nordfrankreich), bestimmt. Angilbert trug unter den Gelehrten der kaiserlichen Hofakademie den Namen „Homer". Er lebte in einer nicht-sanktionierten Ehe mit Bertha, der Tochter Karls des Großen, zusammen und hatte mit ihr die beiden Söhne Nithard und Hartnit. Auch Ludwig der Fromme (778–840), ein Sohn Karls des Großen, pflegte den Brauch der Widmungsgaben. Im Jahre 827 schenkten er und seine Frau Judith der Kirche von Saint-Médard in Soissons ein anderes Werk der Hofschule, das berühmte *Soissons-Evangeliar*. Die Handschriften der karolingischen Hofschule erfüllten demnach hohe Aufgaben im Bereich der kaiserlichen Repräsentationskultur. Die künstlerische Ausstattung der Werke, von der Schrift über die Bilder und Ornamente bis hin zu den verwendeten Materialien Gold, Silber, Purpur und Elfenbein, bezeugt auf eindrucksvolle Weise den imperialen Anspruch der Handschriften. Nicht von ungefähr wird bereits das *Godescalc-Evangelistar* als das früheste Werk der Hofschule von seinem Schreiber als „opus eximium", als ein herausragendes Werk, bezeichnet, das der Kaiser und seine Frau in Auftrag gegeben hätten.

Es ist deutlich geworden, dass die Kodizes der Hofschule nicht als Gebrauchshandschriften herkömmlicher Art zu betrachten sind. Sie stehen im Range kostbarer Widmungs- oder Dedikationswerke. Als solche bilden sie prunkvolle Verkörperungen der karolingischen Herrschaftsauffassung und verleihen dieser Auffassung einen gewissermaßen hieratischen Ausdruck. Tragende Gedanken der karolingischen Herrschaft waren die Rückbindung des Reiches an das spätrömische Kaisertum und die christokratische Fundierung der eigenen Herrschaft.

Die Bildsprache der Hofschule

Das Programm einer von den Karolingern getragenen Erneuerung des römischen Reiches („Renovatio imperii romani") spiegelt sich auch in der Bildsprache der Hofschule wider. Sie ist in ihrem gesamten Duktus zutiefst geprägt vom Streben nach klarer Gestaltung und überschaubaren Strukturen. An allgemeinen Merkmalen der Hofschule lassen sich folgende Stileigentümlichkeiten benennen: Eine bewusste Auseinandersetzung mit der Antike, ein relativ einheitliches Bildprogramm und die Verwendung spätantiker Vorlagen, insbesondere ravennatischer Herkunft. Hinzu kommt die Verwendung von Gold, Silber, Elfenbein und Purpur (Abb. 2). Ziel der Hofschule war es, die klassische Kunst der Antike bzw. Spätantike in erneuerter Form wieder zum Leben zu erwecken. Dies gilt insbesondere im Hinblick auf die „Rückgewinnung der plastischen und räumlichen Werte der … Malerei" (Mütherich, Geleitwort, S. 8). Die mithilfe illusionistischer Maltechnik hergestellten sechs Miniaturen des *Godescalc-Evangeliars* etwa gelten als erster Versuch „einer räumlichen Darstellung der menschlichen Figur durch einen mittelalterlichen Maler" (Crivello, Der Schmuck, S. 77). Der Stil der Handschrift verrät den Einfluss der Bildkunst zur Zeit des Pontifikats von Papst Hadrian I. (772–795). Im Hintergrund steht eine 781 unternommene Reise Karls des Großen nach Rom, in deren Verlauf der Papst Karlmann, den Sohn Karls, im Baptisterium des Laterans auf den Namen Pippin taufte. Unabhängig von dieser produktiven Rückwendung zur Antike und Spätantike gilt, dass die Textfassung des *Godescalc-Evangelistars* (und damit generell jene der Hofschul-Handschriften) die moderne Bibel- und Liturgiephilologie des karolingischen Hofes widerspiegelt. Die Handschrift bezeugt die „Romanisierung der fränkischen Liturgie" (Crivello, Die Handschrift, S. 32), sie bildet das früheste Zeugnis für die Liturgiereform Karls des Großen nach römischem Vorbild. Man wird Harald Wolter-von dem Knesebeck (Godescalc, S. 37) zustimmen, der zu folgendem Urteil gelangt: „So verband sich im *Godescalc-Evangelistar* wohl erstmals in der christlichen Buchkultur die Form der Luxushandschrift mit einer minutiös durchgeplanten und auf ein religiös motiviertes Reformprogramm ausgerichteten, innovativen und philologisch hochwertigen Textgestalt einer liturgischen Handschrift."

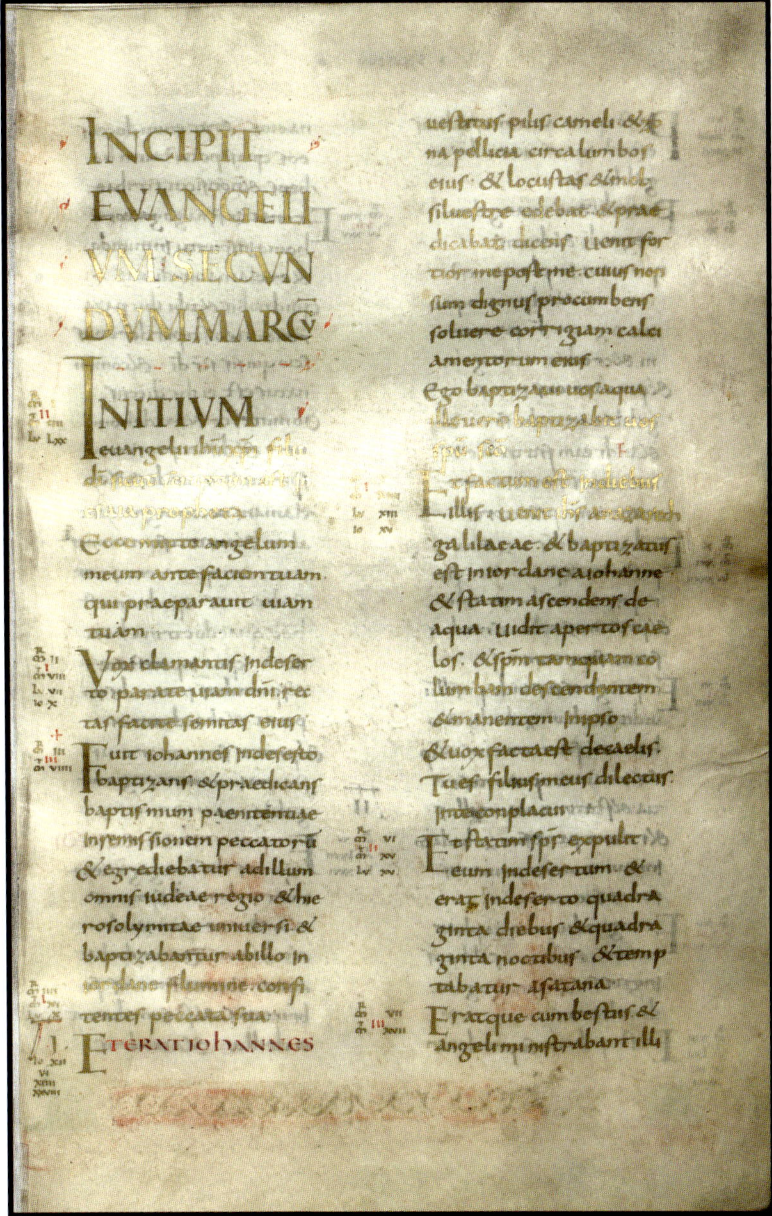

Abb. 2: Ada-Evangeliar, fol. 60r: Textbeginn Markus-Evangelium

Als Bildmotive, die allen Kodizes der Hofschule gemeinsam sind, können genannt werden: Arkaden und weitere Objekte aus der Architektur, mit Edelsteinen verzierte Bilderrahmen, insular beeinflusste Initialen sowie großformatige Darstellungen der vier Evangelisten. Die Gestaltung der Figuren ist gekennzeichnet durch klare Binnenzeichnung, Streben nach Körperlichkeit und opulente Gewanddarstellung. Auffällig sind der breite, nach unten oval sich verjüngende Schädel, runde, große Augen, hoch hinausgezogene Brauen, ein Missverhältnis von Ober- und Unterleib sowie übergroße Hände und Füße. Im *Ada-Evangeliar* sind alle vier Evangelisten bartlos und als Jünglinge dargestellt. Es existieren aber auch Abweichungen von diesem Darstellungsmodus. Genannt sei das *Soissons-Evangeliar*, das einen bärtigen Matthäus im vorgerückten Alter zeigt, oder die vier Evangelisten des *Godescalc-Evangelistars*. Sie sind sämtlich mit Bart dargestellt. Die geometrische Ornamentik greift zurück auf Punkt-, Kreis- und Scheibenmuster, Quadrate mit unterschiedlichen Füllungen, Liniengestaltungen wie Pelten, Spiralen, Augen- und Paragraphos-Motive, Treppen-, Schlüsselbart-, T-Muster, Mäander und Laufender Hund, Fliesen- und Tupfenmuster, Banderolen und Knickband. Im Bereich der vegetabilen Ornamentik finden sich Lorbeer-, Profil-, Herz- und Weinblätter, Palmettenfries, Blüten, Stauden und Ranken. Zoomorphe Elemente werden im Vergleich zur insularen und merowingischen Kunst eher zurückhaltend verwendet. Die Darstellung des Raumes in den Handschriften der Ada-Gruppe wiederum ist gekennzeichnet durch eine deutliche Hinwendung zum Prinzip der Dreidimensionalität. Auffällig ist, dass der *Dagulf-Psalter* als Frühwerk der Schule keine figürlichen Miniaturen, sondern ausschließlich ornamentalen Schmuck enthält.

Die Evangeliare der Hofschule weisen keine ikonographischen Zyklen zum Leben Jesu auf; sie besitzen insgesamt nur wenige Bilder. Man hat versucht, diesen Sachverhalt mit den Äußerungen des Frankfurter Konzils von 794 zur Bilderfrage bzw. zum Bilderstreit der Ostkirche in Verbindung zu bringen. In der Tat erließ das Frankfurter Konzil – ebenso wie die etwas später (799) entstandenen *Libri Carolini* – eine klare Verurteilung kultischer Verwendungen von Bildern. Die Bilder wurden, zumindest in dieser

Funktion, als eine Form der Idolatrie betrachtet, die es zu vermeiden gelte. Auf der anderen Seite bedeutete die Ablehnung der Bilder im Bereich der theoretischen Debatte keine ebenso strenge Ablehnung im Bereich der Kunst selbst. Zum einen verband sich die Zurückhaltung in der Illustration biblischer Personen und Ereignisse mit einer Konzentration auf die ornamentale und dekorative Ausstattung. Zum anderen enthalten zumindest das *Godescalc-Evangelistar* und das *Lorscher Evangeliar* doch je eine figürliche Darstellung Christi. Dadurch erfährt der ansonsten so häufig behauptete „Ikonoklasmus" der Ada-Gruppe eine gewisse Relativierung. Auch das in mehreren Handschriften der Gruppe zu findende Motiv des Lebensbrunnens (etwa im *Godescalc-Evangelistar* oder im *Soissons-Evangeliar*) kann als eine – wenn auch kryptische – Hinwendung zum Bild Christi betrachtet werden.

Bezüglich der verwendeten Einzelmotive gibt sich speziell im Eierstabmuster, der Palmette, der Weinranke und des Akanthus eine Prägung durch die Spätantike zu erkennen. Die „germanischen" Motive wie Greif, Löwe, geflügelte Steinböcke mit Adlerkrallen, Tiere mit Löwentatzen und Stierschädeln sowie andere Mischformen dieser Art waren von Karl dem Großen dagegen bereits in den *Libri Carolini* verworfen worden. Sie finden im *Ada-Evangeliar* und den anderen Werken der Hofschule folgerichtig keine Berücksichtigung. Es ist hervorzuheben, dass verschiedene karolingische Skriptorien (etwa Tours) auch direkt auf antike Muster zurückgreifen konnten. Der Einfluss des *Vergilius Vaticanus*, der *Cotton-Genesis* und der *Leo-Bibel* ist hier unmittelbar greifbar. Daneben lassen sich Auswirkungen der spätantiken Sarkophag-Gestaltung und der Mosaikkunst belegen. Stileigentümlichkeiten syrischer oder byzantinischer Herkunft schließlich werden in den Arkadenbögen der Kanontafeln sichtbar, während sich der insulare Einfluss vor allem in den Flechtmustern, gebrochenen Diagonalstreifen, Spiralen, Gitter- und Tafelwerken sowie anderen geometrischen Figuren äußert.

Die Fortschritte der karolingischen Hofschule gegenüber der merowingischen Kunst liegen auf der Hand. Während die merowingische Kunst auf dem Kontinent rein ornamental ausgerichtet war, trug die insulare

Richtung mit ihren zoomorphen Gestaltungselementen nicht selten einen stilisierten, manieristischen Zug. In strikter Abgrenzung hiervon verzichtet etwa das *Godescalc-Evangelistar* weitgehend auf zoomorphe Gestaltungselemente. Wie die Schrift, so wirken auch die Bilder der Hofschule klar und einfach strukturiert, eben „antik". Hierbei lässt sich eine deutliche Entwicklung nachweisen zwischen den frühen und den späten Produkten der Hofschule. Während das *Godescalc-Evangelistar* als Frühwerk noch Unsicherheiten in der künstlerischen Gestaltung aufweist, sind das *Lorscher Evangeliar* und teilweise auch das *Ada-Evangeliar* als Spätwerke bereits von einer konsequenten Anwendung der beschriebenen Gestaltungsprinzipien gekennzeichnet. Man könnte sagen, hier führt der Weg von einer Protorenaissance hin zu einer Hochrenaissance der Antike bzw. Spätantike.

Der Vollständigkeit halber sei erwähnt, dass es eine zweite karolingische Malerschule gegeben hat, die zur gleichen Zeit und am selben Ort wie die Hofschule Karls des Großen existierte: die sogenannte *Aachener Palastschule*. Als Leithandschrift der Palastschule wird das kurz vor 800 entstandene *Wiener Krönungsevangeliar* genannt (Wien, Kunsthistorisches Museum, Schatzkammer, SCHK, XIII.18). Weitere zur Palastschule gerechnete Kodizes sind das *Xantener Evangeliar* (BR Brüssel, Ms 18723), ein Evangeliar in Brescia (Biblioteca Civica Queriniana, E II. 9) und ein Evangeliar aus Aachen (Domschatzkammer, ohne Signatur). Alle diese Kodizes sind zu Beginn des 9. Jahrhunderts entstanden. Wie die übrigen Handschriften dieser Linie, so weist auch das *Wiener Krönungsevangeliar* eine starke Prägung durch die byzantinische Kunst auf. Es beschreitet einen völlig anderen Weg als die von antik-römischen Vorbildern dominierten Werke der Hofschule. Unabhängig davon haben die Kodizes der Palastschule langfristig einen mindestens genauso großen Einfluss ausgeübt wie jene der Hofschule. Verwiesen sei auf eine Kolportage, derzufolge Kaiser Otto III. das *Wiener Krönungsevangeliar* auf den Knien Karls des Großen gefunden haben soll, als er im Jahr 1000 das Grab des Kaisers eröffnen ließ. Der Kodex wurde zu den Reichsinsignien gerechnet, und die neu gewählten römisch-deutschen Könige legten auf ihm (spätestens ab dem 16. Jahrhundert) den Krönungseid ab.

Neben den beiden höfischen Schulen in Aachen traten um die Wende des 9. Jahrhunderts auch die Kunstzentren der großen Reichsklöster und der Bischofssitze stärker in Erscheinung. Genannt seien die Schulen von Tours und Metz.

Die Entstehungs- und Besitzgeschichte

Die *Ada-Handschrift* ist nicht in einem einheitlichen Prozess entstanden. Wir unterscheiden einen älteren und einen jüngeren Teil. Der ältere Teil umfasst die Folien 6 bis 38v (Lagen II–V). Er enthält die Kanontafeln, die Einleitungstexte zum Matthäus-Evangelium und das Matthäus-Evangelium bis zu Kapitel 16,4 (von insgesamt 28,20). Ihm wurde nachträglich ein Halbblatt mit dem Bildnis des Evangelisten Matthäus eingefügt (fol. 15). Der jüngere Teil erstreckt sich auf die Folien 39r bis 171r (Lagen VI–XXII). Er besteht aus den allgemeinen Einleitungstexten (fol. 1-5; das erste Blatt ist herausgeschnitten), den übrigen Evangelien und dem sich anschließenden Kapitulare (*Comes*), einem Verzeichnis der in der Messe zu lesenden Abschnitte der Evangelien. Auf die komplizierte Binnenstruktur des jüngeren Teiles, der wiederum zahlreiche nachträglich eingesetzte Blätter aufweist, braucht hier nicht im Detail eingegangen zu werden. Wichtig erscheint, dass auch die drei anderen Evangelistenblätter später in den Kodex eingefügt wurden, das Markusbild als fol. 59, das Lukasbild als fol. 85 und das Johannesbild als fol. 127. Die Bilder sind vermutlich zeitgleich zum jüngeren Teil der Handschrift entstanden.

Der Text der *Ada-Handschrift* stammt von zwei Schreibern, der Hand A und der Hand B. Die beiden Schreiber verrichteten ihre Arbeit nicht simultan zueinander, sondern in einem zeitlichen Abstand von ca. 15 bis 20 Jahren. Karl Menzel (Codex, S. 7) datiert die Partien des ersten Teils in das letzte Jahrzehnt des 8. Jahrhunderts, jene des zweiten Teils in das erste oder zweite Jahrzehnt des 9. Jahrhunderts. Diese Datierung hat sich in der Forschung durchgesetzt. Über die Gründe, weshalb die Arbeit unterbrochen wurde, ist nichts bekannt. Man vermutet einen Brand in der Königspfalz Worms. Auch über die Personen der Schreiber und Bildkünstler sowie den Herstellungsort bzw. die Herstellungsorte des Kodex liefert die Handschrift selbst – zumindest das eigentliche Evangeliar – keinerlei Informationen. Im Gegensatz dazu nennt sich der Schreiber (oder wohl eher der verantwortliche Leiter des Skriptoriums) des *Godescalc-Evangelistars* im Widmungsgedicht selbst. In einer betont proskynetischen Haltung bezeichnet er sich als „ultimus … famulus", als niedrigster Diener des Kaisers. Dagulf wiederum, der Schreiber des nach ihm benannten Psalters, war Nachfolger Godescalcs als Leiter des karolingischen Hofskriptoriums. Er ist vermutlich identisch mit einem Schatzmeister (*scrinarius*) des Kaisers, der im Briefwechsel Alkuins als dessen Freund erscheint. All dies deutet darauf hin, dass die genannten Künstler und Schreiber der Hofschul-Handschriften dem engeren Umfeld der hochqualifizierten Intellektuellen und Künstler um die kaiserliche Hofkapelle zuzuordnen sind. Keineswegs handelt es sich bei ihnen bloß um manuell begabte Persönlichkeiten, die dem Bereich des ausführenden Gewerbes zuzuordnen wären.

Letztendlich ist darauf hinzuweisen, dass die *Ada-Handschrift* im ersten Viertel des 9. Jahrhunderts in Mainz kopiert wurde. Wie lange sie zu diesem Zweck in Mainz lag, ist nicht bekannt. Von der Kopie ist heute nichts mehr bekannt.

Die Person der Namensgeberin Ada

Am Ende des Kodex (fol. 172r) findet sich ein in lateinischen Hexametern und roter Tinte geschriebenes Gedicht, das Jakob Marx (Geschichte, S. 556) zufolge von Alkuin stammt und das eine „Mater Ada ancilla Dei" als Auftraggeberin des Kodex benennt (s. Anhang). Die Informationen von Marx bedürfen einer Überprüfung durch die zeitgenössische Alkuin-Forschung; sie sind es aber Wert, in diesem Zusammenhang genannt zu werden. Unabhängig davon ist das Gedicht auch deshalb von Bedeutung, weil es einen Lebensbrunnen herbeizitiert, der in anderen Handschriften der Ada-Gruppe bildlich dargestellt ist, ein deutliches Zeichen für die innere Einheit der Hofschule. Demnach soll Ada die Auftraggeberin der Handschrift und eines dazugehörigen, kostbaren Metalldeckels gewesen sein. Hier der Text des Gedichts (Abb. 3):

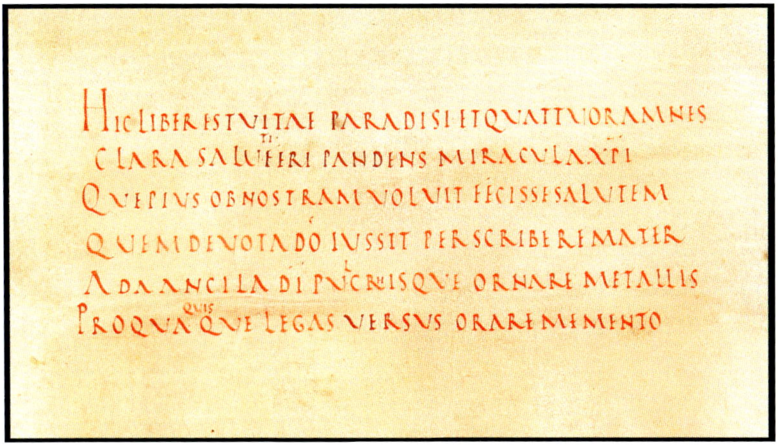

Abb. 3: Ada-Evangeliar, fol. 172r: Gedicht mit Nennung Adas

HIC LIBER EST VITAE PARADISI, QUATTUOR AMNES
SALUTIFERI PANDENS MIRACULA CHRISTI;
QUAE PRIUS OB NOSTRAM VOLUIT FECISSE SALUTEM.
QUEM DEVOTA DEO JUSSIT PERSCRIBERE MATER
ADA ANCILLA DEI; PULCHRISQUE ORNARE METALLIS.
PRO QUA QUISQUE LEGIS VERSUS, ORARE MEMENTO.

“DIES IST DAS BUCH DES LEBENS, DES PARADIESES VIER FLÜSSE
CHRISTUS, DES HEILANDES, HERRLICHE WUNDER VERKÜNDEND,
DIE ER LIEBEVOLL ZU UNSEREM HEILE VERRICHTET HAT.
DIE MUTTER ADA, EINE GOTT ERGEBENE,
HAT ES SCHREIBEN UND MIT KÖSTLICHEM METALLE ZIEREN LASSEN.
GEDENKE IHRER, DER DU DIESE VERSE LIESEST, IM GEBETE.“
(ÜBERSETZUNG JAKOB MARX, GESCHICHTE, S. 53).

Der Eintrag stammt aus der ersten Hälfte des 9. Jahrhunderts. Er ist jedoch nicht zeitgleich zum Evangeliar entstanden. Dies ergibt sich aus einem Vergleich der verwendeten Tinten und aus dem unsicheren, fehlerhaften Schreibduktus. Wilhelm Köhler (Die Hofschule, S. 34) sieht in ihm die Kopie einer zwischenzeitlich verloren gegangenen älteren und ursprünglichen Notiz, bei der allerdings unklar sei, an welcher Stelle im Kodex sie gestanden habe. Möglicherweise stamme der Eintrag, so Koehler, von der Hand B, dem jüngeren Schreiber des *Ada-Kodex*. In der Tat ist es nicht auszuschließen, dass eine in karolingische Zeit zu verweisende fromme Frau mit Namen Ada die Stifterin der nach ihr benannten Handschrift und des zugehörigen Einbandes war. Karl Menzel (Codex, S. 13–15) zitiert 14 urkundliche Nennungen unterschiedlicher Personen mit Namen Ada, die zwischen 768 und 823 im Raum Lorsch und Fulda als Stifterinnen auftraten. Und Bertram Resmini weist darauf hin, dass um 1116 das Maximiner Nekrolog und ab dem 14. Jahrhundert die Maximiner Traditionen ganz allgemein eine Frau mit Namen Ada als die Stifterin und Hauptschenkerin der rheinhessischen Güter der Abtei benennen (Resmini, Die Benediktinerabtei, S. 217).

Ada als angebliche Schwester Karls des Großen

Sehr viel problematischer ist die später entstandene Überlieferung, Ada sei eine Tochter Pippins und Schwester Karls des Großen gewesen. Eine solche Tradition lässt sich seit dem frühen 12. Jahrhundert nachweisen. Götz Denzinger (Die Handschriften, S. 109) bringt sie in Verbindung mit einer in dieser Zeit zunehmenden Karlsverehrung. Niedergelegt ist diese Information in einem Nachtrag zum sogenannten „Ältesten Maximiner Nekrolog“. Dieses Werk geht in seinem Grundbestand in das 9. Jahrhundert zurück, weist aber zahlreiche Nachträge bis in das Jahr 1135 auf (Manchester, John Rylands University-Library lat. 116, fol. 3v oben). Der von Francesco Roberg edierte und kommentierte „Nekrolog“ ist vermutlich in Trier-St. Maximin entstanden. Den ‚terminus post quem‘ für seine Entstehung liefert die namentliche Erwähnung des 849/53 verstorbenen Trierer Chorbischofs Thegan.

Bereits in der älteren Literatur ist auf die nahe Verwandtschaft des „Nekrologs“ zu dem zweibändigen *Evangeliar von St. Maria ad Martyres* (StB Trier, Hs 23/122ab 2° [Abb. 4]) hingewiesen wurde. Beide Kodizes wurden dem weiteren Umfeld der franko-sächsischen Schule zugerechnet. Noch einen Schritt weiter geht nun Roberg, der geradezu eine Identität der Schreiber beider Handschriften postuliert. Sollte diese Annahme zutreffen, so würde dies bedeuten, dass das bislang in den Raum Trier-Echternach verwiesene Evangeliar von St. Maria ad Martyres vermutlich ebenfalls in St. Maximin (daneben käme Roberg zufolge noch die Abtei Tours in Frage) entstanden wäre.

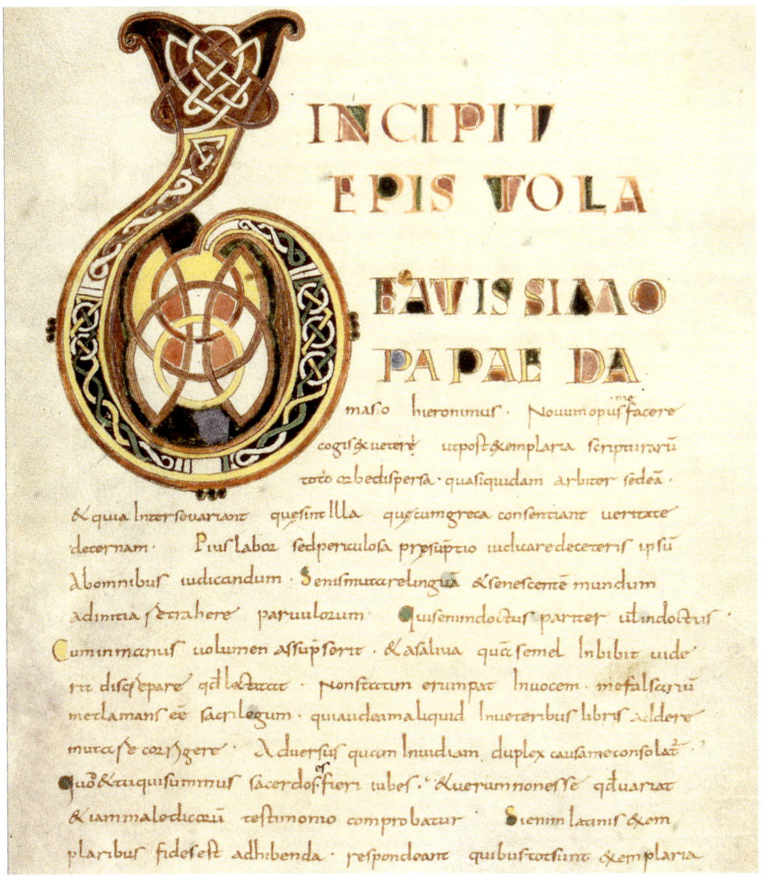

Abb. 4: StB Trier, Hs 23/122a/b°: Evangeliar aus St. Maria ad Martyres

Der Originalbestand des Maximiner „Nekrologs“ hat im Laufe der Jahrhunderte zahlreiche Nachträge erfahren. Insgesamt acht Hände waren zwischen ca. 875 und 1135 damit beschäftigt, immer neue Namen einzutragen, die dem Anschein nach in St. Maximin eine liturgische Verehrung erfuhren. Bei den ergänzten Namen handelt es sich ausnahmslos um bedeutende Heilige, Herrscher, Bischöfe, Äbte oder Stifter. Hand 71, die zwischen 1114 und 1124 schrieb, steuerte auch zwei Einträge zu Ada bei. So heißt es zum 11 Mai. “Obiit Ada ancilla Christi pie memorie filia Pippini regis soror magni imperatoris Karoli que multa bona circa et infra Moguntiam et Wormatiam et in pago Nachowe sancto Maximino contulit et textum euangelii auro conscriptum et auro decoratum dedit et post finem uite hic sepulta / in pace quieuit.“ Zum 27. Dezember taucht ein weiterer Eintrag auf. Dort heißt es: „Obiit Ada ancilla Christi“ (fol. 7v unten). Merkwürdig mutet die Tatsache an, dass dieser Eintrag von der gleichen Hand stammt wie jener zum 11. Mai.

Wenn Ada, die Namensgeberin unserer Handschrift, eine Schwester Karls des Großen gewesen wäre, so müsste der Kodex dem engsten Umfeld des Kaisers zugeordnet werden. Außerdem läge aufgrund der engen Verbindungen Adas zu St. Maximin der Schluss nahe, die Handschrift als ein Dedikationswerk zu betrachten, das von vornherein für die Trierer Abtei geschaffen worden wäre. Damit wäre wahrscheinlich gemacht, dass die *Ada-Handschrift* seit dem frühen 9. Jahrhundert in der Abtei St. Maximin gelegen hätte. So sehr nun eine solche Zuschreibung aus der Sicht von St. Maximin, das ja mit großem Nachdruck seinen reichsunmittelbaren, „kaiserlichen“ Status betonte, wünschenswert gewesen sein mag, so wenig lässt sie sich beweisen. Zunächst stellt sich das Problem, dass die Personengeschichte des karolingischen Hofes keine Schwester Karls des Großen mit Namen Ada kennt. Die *Vita Caroli Magni* Einhards beispielsweise erwähnt lediglich eine Schwester mit Namen Gis[e]la. Es kommt hinzu, dass die späteren Zusätze des Maximiner „Nekrologs“ als Fälschungen zu betrachten sind. Sie können daher keine Beweiskraft für sich beanspruchen. Die entsprechenden Einträge erfüllten offenbar nicht einmal eine reale liturgisch-memoriale Funktion. Vielmehr sollten sie in einer Zeit, da St. Maximin davon bedroht war, das Privileg der Reichsunmittelbarkeit zu verlieren (1136), die Bedeutung des Klosters neu untermauern.

Es existiert eine zweite Quelle aus St. Maximin, die eine Stifterin Ada erwähnt. Hierbei handelt es sich um das Maximiner Verbrüderungsbuch, das in seinem ältesten Teil in die Zeit um 1200 zurückreicht. Das Verbrüderungsbuch bildet eine Kompilation aus dem ältesten Maximiner „Nekrolog“ und einigen später entstandenen Totenbüchern. Die Erwähnung Adas fällt hier in einen Nachtrag aus dem 14. Jahrhundert (StB Trier, Hs 1634/394 4°, fol. 109r). Von Ada wird berichtet, dass sie der Abtei St. Maximin reiche Dotationen übereignet habe. So heißt es zum 11. Mai, dem im Verbrüderungsbuch genannten Todestag Adas: „Ada Christi ancilla que multa sancto Maximino contulit bona“. Wie wenig aussagekräftig diese Notiz allerdings ist, beweist die Tatsache, dass verschiedene Nachträge zum Maximiner „Nekrolog“ aus der Zeit nach 1228, die die jeweils geschenkten Güter der memorierten Donatoren benennen, bezüglich Adas keinerlei Informationen liefern. Es wird also nicht ersichtlich, welche Güter konkret Ada der Abtei geschenkt haben soll. Auch wird Ada in diesen Nachträgen nicht als eine Schwester Karls des Großen bezeichnet und es finden sich keine Hinweise auf Originaldokumente wie Schenkungsurkunden.

An weiteren Informationen zu Ada ist noch zu hinzuzufügen, dass der erwähnte Nachtrag zum ältesten Maximiner „Nekrolog“ Adas letzte Ruhestätte nach St. Maximin verweist. Außerdem wird nunmehr die Lage der geschenkten Güter mitgeteilt, wenn auch in einer mehr summarischen Weise. Diese sollen in der Gegend von Mainz und Worms sowie im Nahegau gelegen haben. Die letztgenannten Angaben sind nicht von der Hand zu weisen, da in den genannten Regionen tatsächlich eine Frau mit Namen Ada als Stifterin auftaucht. Auf die spätere Zitation Adas in Urkunden oder auf ein Elfenbeintäfelchen des 13. Jahrhunderts, das den *Liber aureus Sancti Maximini* ziert (12. Täfelchen), braucht hier nicht mehr eingegangen zu werden. Es handelt sich um zeitlich nachgeordnete Testimonien.

Die Problematik des Namens Ada

Unterzieht man die mittelalterliche Überlieferung zur Person Adas einer kritischen Prüfung, so ergeben sich Probleme der Zuordnung aus der Tatsache, dass der Name Ada in der Mosel- und Rheingegend während des 9. und 10. Jahrhunderts mehrfach bezeugt ist. Dies macht es schwierig, eine bestimmte Person dieses Namens als Schenkerin des *Ada-Kodex* zu identifizieren. Ganz folgerichtig erblickt Karl Menzel in der genannten Ada eine nicht genauer zu fassende „bejahrte Klosterfrau" (S. 10), die nicht einmal Äbtissin gewesen sei. Dies mag in der Tat zutreffend sein, da der Ausdruck „ancilla Dei" auf eine Sanktimoniale, d. h. auf eine gottgeweihte Frau, hindeutet, die nicht in einem festen Klosterverband gelebt haben muss. Ungeachtet dessen haben die mittelalterlichen Ada-Spurien im Maximiner Schrifttum des 17. Jahrhunderts eine nachhaltige Entwicklung erfahren. In den ungedruckt gebliebenen *Origines et Annales coenobii D. Maximini* des Maximiner Mönchs Alexander Wiltheim (Luxemburg 1658; StB Trier Hs 1621/99 4°, S. 667–674) sowie in dem ebenfalls von Wiltheim stammenden *Excidium Imperialis Monasterii S. Maximini* (StB Trier, Hs 1622/405 4°, S. 626–632) finden sich zahlreiche, wenngleich ungesicherte Informationen zur Person Adas. So wollte Wiltheim wissen, dass Ada am 11. Mai 809 in St. Maximin verstorben und auch dort bestattet sei, er kennt ihr Grabmal in der Kirche von St. Maximin und er teilt durch eine Federzeichnung dessen Aussehen und Inschrift mit (Abb. 5). Auch Edmond Martène und Ursin Durand überliefern den Text des Epitaphs in ihrer 1724 erschienenen *Voyage littéraire de deux religieux Bénédictins* (S. 284). Gleiches gilt für Johann Nikolaus von Hontheim, dessen Informationen zufolge sich das Grabmal Adas im Chor der Kirche von St. Maximin befunden haben soll: „Ada. Ancilla. Christi. Soror. Caroli. Magni" (*Prodromus*, Bd. 1, S. 432). Bertram Resmini (Die Benediktinerabtei, S. 218) hat die Aussagekraft dieser spät entstandenen Überlieferung in Zweifel gezogen. Die Angabe, wonach das Grab Adas sich im Chor der Abteikirche unter einem von Erzbischof Poppo (vor 1024–1048) gestifteten Kronleuchter befinde, taucht zwar im 16./17. Jahrhundert mehrfach auf. Ihre Entstehung fällt jedoch frühestens in die erste Hälfte des 12. Jahrhunderts. Noch spekulativer mutet eine Überlieferung der *Gallia christiana* an (Bd. 7. Paris 1744, Sp. 509). In ihr

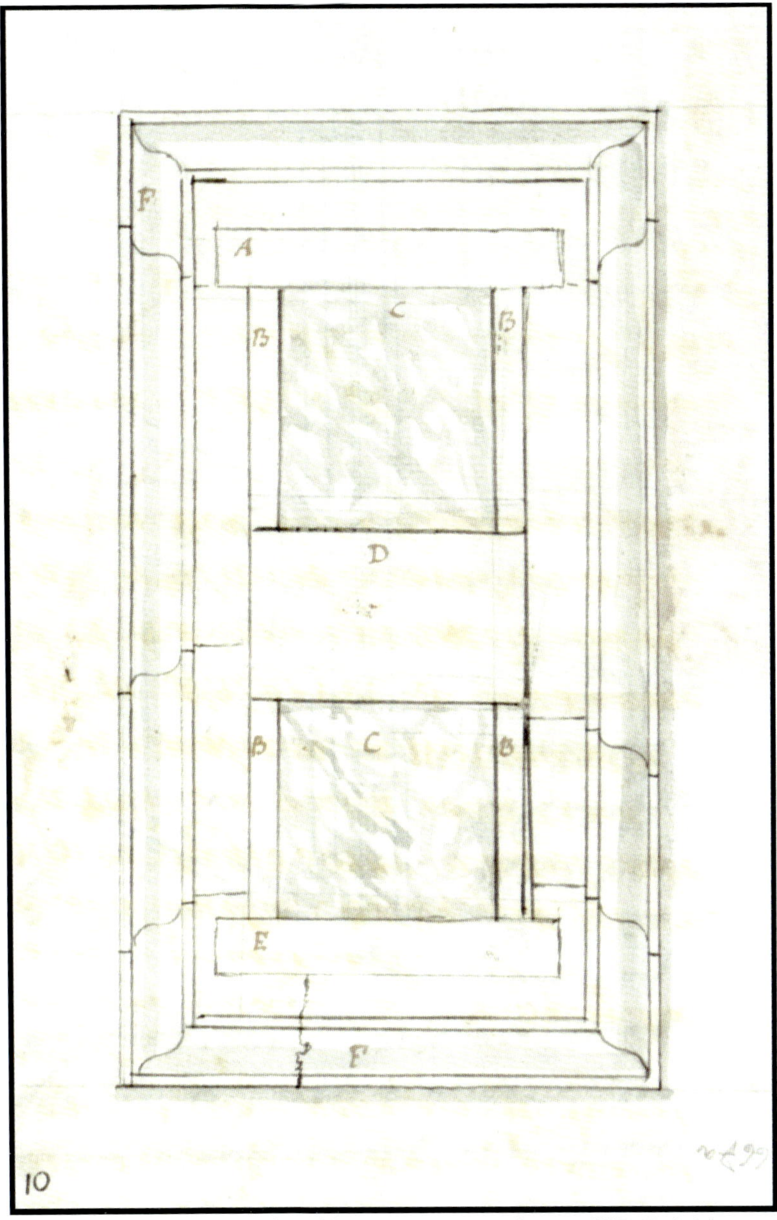

Abb. 5: Grabmal Adas, in: Alexander Wiltheim, Origines et Annales coenobii D. Maximini (StB Trier, Hs 1621/99, S. 667a/b)

wird Ada mit der vierten Äbtissin von Argenteuil, einer Frau mit Namen Oda, identifiziert. Sie sei eine fromme Frau gewesen, die zuvor als Nonne im Kloster Trier-St. Maximin gelebt habe. Der entsprechende Text lautet: „Oda filia, inquiunt, Pipini & Caroli Magni soror e sanctimoniali [!] sancti Maximini Trevirensis Theodradae subrogata fuit." Der Bezug auf Argenteuil könnte auf einer Verwechslung mit Gis[e]la, der von Einhart genannten Schwester Karls des Großen, beruhen. Sie war zunächst Äbtissin in Chelles, später in Argenteuil.

Schwer zu überprüfen ist auch eine längere Passage über Ada in Jakob Marx' *Geschichte des Erzstifts Trier* (Bd. 3, S. 52–56). Marx verarbeitet hier ältere Überlieferungen von Mabillon, Martène, Durand und Hontheim. Als Orte, die Ada dem Kloster St. Maximin geschenkt haben soll, benennt er Alzey und Appel „mit Zubehör". Bis 1674, so fährt Marx fort, sei der Grabstein Adas in der Mitte des Chores von St. Maximin vorhanden gewesen. Es habe sich um einen weißen Marmorstein gehandelt. Ada selbst sei eine Tochter Pippins gewesen. Unter der Sprachbezeichnung ‚Ava' tauche sie in den Briefen Alkuins auf, vor allem im Brief 99. Daneben erwähnt Marx ein Gedicht, das Alkuin zugeschrieben wird und das ebenfalls eine Person mit Namen Ava nennt. Bei diesem Text handelt es sich um Denkverse, die Alkuin den von ihm revidierten Bibeln vorauszuschicken pflegte. Im fünften Gedicht heißt es: „Hunc ancilla Dei jam jusserat Ava libellum scribere prae magno Domini deducta timore …" (Marx, Geschichte, S. 56). In einen anderen Bibelkodex trug Alkuin die Verse ein: „Pro me, quisque legas versus, orare memento, Alcuin dicor ego. Tu sine fine vale" (ebd.). Der erste dieser beiden Verse stimmt wörtlich mit dem letzten Vers im Widmungsgedicht des *Ada-Evangeliars* überein. Es besteht lediglich der kleine Unterschied, dass das „pro me" durch „pro Ada" ersetzt wurde. Doch lehnt Karl Menzel (Codex, S. 10) eine Zuschreibung des Ada-Gedichts an Alkuin allein aufgrund dieser Textähnlichkeit ab.

Ein wichtiger Aspekt zur Lösung des Rätsels um die Person Adas dürfte in einer Mitteilung Johann Nikolaus von Hontheims zu finden sein (*Prodromus*, Bd. 1, S. 432). Hontheim weist darauf hin, dass der Begriff „soror" („Schwester") von Herrschern des Mittelalters nicht selten im Sinne einer Ehrenbezeichnung vergeben wurde, um eine besondere Wertschätzung zum Ausdruck zu bringen. So habe Kaiser Heinrich II. Sophia, die Äbtissin des

Stifts Gandersheim, als seine „soror respective consanguinea[m]" bezeichnet, als seine Schwester oder Blutsverwandte. Eine solch übertragene Bedeutung könne auch für das Verhältnis von Ada und Karl dem Großen gelten, eine Ansicht, die gut geeignet erscheint, die aporetische Diskussion um die Herkunft und Stellung Adas neu zu beleben. Ein Weiteres kommt hinzu: Auch im antiken Latein wurde der Begriff „soror" bereits in einem nicht-verwandtschaftlichen Sinne verwendet. Aegidius Forcellinus und Jacobus Facciolatus weisen in ihrem *Totius Latinitatis Lexicon* (Bd. 4, Schneeberg 1835, S. 148) darauf hin, dass die Bezeichnung „soror" als liebkosender Ausdruck für eine verehrte und vertraute Freundin („blanda appelatio amicae honestae et familiaris") sowie für Frauen einer zusammengehörigen Gemeinschaft („in eodem collegio seu sodalitate") verwendet wurde. Bertram Resmini (Die Benediktinerabtei, S. 217–219) fasst die Forschungsdebatte in der Weise zusammen, dass er Ada nicht als Mitglied der karolingischen Hoffamilie betrachtet. Doch habe Ada in so guten Beziehungen zum Königshof gestanden, dass sie das Evangeliar im Hofskriptorium in Auftrag geben und der Abtei St. Maximin schenken konnte.

Angesichts der lebhaften Diskussion verwundert es nicht, dass die gesamte, bislang ungelöste Frage nach der historischen Ada von Karl Menzel (Codex, S. 15) in einer stark konjekturalen Weise beantwortet wurde. Sie bildet – mit mehr oder weniger großen Abweichungen – bis heute die gängige Basis vieler einschlägiger Äußerungen: Ada, eine natürliche Tochter Pippins und Schwester Karls des Großen, sei die Stifterin des *Ada-Kodex* gewesen. Als Tochter eines Königs habe Ada karolingische Güter am Mittelrhein besessen; sie sei verheiratet gewesen und habe erst als Witwe den Schleier genommen, möglicherweise im Kloster Altenmünster/Lorsch. Schenkungen aus ihrem Güterbesitz seien nach Fulda, Lorsch und Trier-St. Maximin gegangen. Unter dem Einfluss Richbods, doch erst nach dessen Tod im Jahre 804, sei auch der *Ada-Kodex* nach St. Maximin gelangt.

Fragt man nach der Basis für all diese Informationen, so treten die 1670 erschienenen *Annales Treverenses* der beiden Jesuiten Christoph Brower und Jakob Masen (zum Jahr 809, S. 393) sowie die bereits genannten Werke Alexander Wiltheims in den Blick. Ich zitiere im Anhang den kompletten Text der *Annales Treverenses* zu Ada.

Eine genauere Lokalisierung der Entstehung des *Ada-Evangeliars* bleibt auch deshalb schwierig, weil das Kapitulare am Ende des Textes keinerlei Hinweise auf Trier oder gar St. Maximin enthält. So spielen die dort verehrten Trierer Bischöfe Maximin, Agritius und Nicetius keine Rolle. Der Grund hierfür liegt darin, dass das Kapitulare eine rein römische Ordnung widerspiegelt, die auf lokale Traditionen keinerlei Rücksicht nimmt.

Den Haupteinwand gegen eine Identifizierung Adas mit einer Schwester Karls des Großen wiederum liefert das erwähnte sechszeilige Gedicht auf fol. 172r des *Ada-Kodex* selbst. Da dieses Gedicht möglicherweise in die Lebzeiten Adas, zumindest aber in die Entstehungszeit der Handschrift, zurückreicht, muss es befremden, dass die angebliche Verwandtschaft Adas mit Karl dem Großen nicht erwähnt wird. Dies wäre, sofern das *Ada-Evangeliar* tatsächlich ein Widmungsgeschenk aus dem unmittelbaren Umfeld der Herrschers darstellt, doch zu erwarten gewesen.

Die Beziehungen des karolingischen Hofes zu Trier

Bettet man die Frage nach der Entstehung des *Ada-Evangeliars* in die übergeordneten Beziehungen des karolingischen Hofes zur Kirche von Trier ein, so ergibt sich folgendes Bild: Unzweifelhaft hat es persönliche Kontakte gegeben zwischen Alkuin und dem Trierer Bischof Richbod (791–804). Zudem wurde der Maximiner Abt Weomad von Karl dem Großen zum Erzbischof von Trier (757–791) erhoben. Darüber hinaus gehörte Weomad zu den Mitkonsekratoren des Königsklosters Lorsch, und der Trierer Chorbischof Thegan (813–835) ist als Verfasser einer Vita Ludwigs des Frommen namhaft zu machen. Ungeachtet dessen lässt sich keinerlei künstlerische Rezeption der karolingischen Hofschule in Trier nachweisen. Am stärksten entwickelt scheinen noch die Beziehungen zwischen Alkuin und Erzbischof Richbod gewesen zu sein. Letzterer hatte an der Aachener Hofschule studiert und war dort Schüler Alkuins gewesen. Auch in späterer Zeit unterhielten beide freundschaftliche Kontakte, wie aus mehreren Briefen Alkuins an Richbod hervorgeht. Alkuin widmete Richbod zwei, möglicherweise sogar drei Hexameter-Gedichte (Schauerte, Richbod, S. 46), und in seiner *Epistola* 216 (*Monumenta Alcuiniana*,

S. 712–714) zog er ihn damit auf, dass Richbod stärker dem Vergil zugeneigt sei als den vier Evangelisten. Richbod, von dem keine eigenen Schriften überliefert sind, stand im Ruf, einer der gelehrtesten Männer seiner Zeit gewesen zu sein. Hinter der in einem Lorscher Kodex eingetragenen *Adunatio Rigbodoni episcopi* verbirgt sich vermutlich eine Erklärung der *Regula Benedicti* aus der Feder Richbods, doch hat sich der Text nicht erhalten. Ungeachtet dessen hat Richbod dem Konvent von Kloster Lorsch bedeutende geistige Impulse vermittelt. Bernhard Bischoff und Josef Semmler (Lorsch, S. 18), betonen, dass Richbod seine Mönche an die Wissenschaften herangeführt habe: „Seine Verbindungen brachten Texte und Bücher, die man selbst nicht besaß, ins Haus. Die in diesen Codices enthaltenen Schriften und ihre kalligraphische Gestaltung reaktivierten die Klosterschule zu Lorsch und beeinflussten das Lorscher Skriptorium. Die Konventualen an der Weschnitz beschäftigten sich nicht nur mit der Heiligen Schrift und den Kirchenvätern, sondern auch mit den antiken Klassikern, vornehmlich mit Vergil. Die Geschichtsschreibung wurde in Richbods Mönchsgemeinschaft heimisch: Seit 794 setzte man die Annales Laureshemenses fort“ (ebd.). Ein Hinweis auf die freundschaftlichen Beziehungen zwischen Alkuin und Richbod liefert auch die Tatsache, dass Alkuin Richbod die Widerlegung der Irrlehre des Felix von Urgel († 816/18), eines Hauptvertreters des Adoptianismus, übertragen wollte. Am 1. Oktober 804 verstorben, wurde Richbod im Kloster Lorsch begraben, dessen Abt er gleichzeitig war. Auf der anderen Seite bringt vor allem Alkuins bereits genannter Brief 216 zum Ausdruck, dass der Austausch zwischen ihm und Richbod auch schleppende Perioden miteinbezog. Ganz bezeichnend fragt Alkuin: „Quid peccavit pater, ne a filio oblivisceretur?“ – „Worin besteht die Sünde des Vaters, dass der Sohn ihn vergisst?“

Die Lokalisierung des Ada-Kodex

Vor allem Heinrich Fichtenau hat die Bedeutung Richbods für eine Lokalisierung des *Ada-Kodex* hervorgehoben, wenn auch in einer Weise, die eher auf Lorsch als auf Trier hindeutet (Fichtenau, Karl der Große, S. 307–309). Fichtenau hielt es für erwiesen, dass unter „Richbods Regierung" (die Lorscher oder die Trierer?) eine Reichskunst aufgeblüht sei, die kein lokal oder provinziell bedingtes Kunstgewerbe gewesen sei und die nicht in Konkurrenz zu Aachen gestanden habe.

Wiederum für Trier als Entstehungsort des *Ada-Kodex* plädiert Edmund Braun (Geschichte, S. 71), wenn auch aus Gründen, die nichts mit der Person Adas zu tun haben. Braun weist darauf hin, dass die beiden Handschriften 839 [mittlerweile verschollen] und 23/122 a/b (*Evangeliar von St. Maria ad Martyres*) der Stadtbibliothek Trier stark von der *Ada-Handschrift* beeinflusst seien. Da letztere in das frühe 9. Jahrhundert falle und dem Raum Trier-Echternach zuzuweisen sei, bedeute dies, dass der *Ada-Kodex* bereits unmittelbar nach seiner Entstehung in Trier vorhanden gewesen müsse, ja dass er dort entstanden sei. Darüber hinaus verwendet Braun seine Mutmaßungen dazu, eine gelegentlich auftauchende Lokalisierung der *Ada-Handschrift* nach Metz auszuschließen. Dagegen schlug Stephan Beißel für das Frühwerk der Ada-Schule, das *Godescalc-Evangelistar,* die Gegend von Metz als Entstehungsregion vor (Evangelienbücher, S. 163). Beißel nimmt an, Godescalc sei Mönch des Klosters Gorze bei Metz gewesen. Auch Hubert Janitschek favorisiert Metz, und zwar die Abtei St. Martin-des-Champs. Dort seien neben dem *Drogo-Sakramentar* das *Evangeliar der Arsenalbibliothek in Paris* (Ms 599), das *Evangeliar von Abbeville,* das *Evangeliar von Soissons,* der *Harleianus 2788* und das *Ada-Evangeliar* entstanden (Janitschek, Ausstattung, S. 85).

Demgegenüber gelangt Karl Menzel aufgrund von paläographischen Untersuchungen zu dem Befund, dass Hand A des *Ada-Evangeliars* eine große Nähe zur Schrift des *Godescalc-Evangelistars,* des *Evangeliars von Soissons* und des *Londoner Evangeliars* (British Library, Cod. Harley 2788) aufweise, sämtlich Werke, bei denen die Forschungsmajorität von einer Entstehung an der Hofschule in Aachen ausgeht.

Eher aus wissenschaftshistorischen Gründen sei darauf hingewiesen, dass vier bedeutende Direktoren der Trierer Stadtbibliothek sich zur Herkunft des *Ada-Evangeliars* geäußert haben. Johann Hugo von Wyttenbach (1767–1845), erster Leiter der Bibliothek, hat auf dem Vorsatzblatt des Kodex die bekannte Kolportage von der Widmung der Handschrift an Ada, die angebliche Schwester Karls des Großen, eingetragen. Max Keuffer (1856–1902) wiederum vertrat die These, das *Ada-Evangeliar* wie auch das *Godescalc-Evangelistar* sei in Trier, möglicherweise sogar in St. Maximin, entstanden (Bücher und Büchereiwesen, S. 79). Gottfried Kentenich (1873–1939) sprach sich für Mainz als den primären Lebensraum Adas und damit als Entstehungsort des *Ada-Evangeliars* aus (Kentenich, Codex aureus, S. 427). Letztendlich nahm Richard Laufner (1916–1014; Bereich, S. 36 f.) eine Entstehung des *Ada-Evangeliars* in St. Maximin an, das er gar zum Sitz eines karolingischen „Hofskriptoriums" erheben wollte. Seine Darlegungen schließen Aachen als Entstehungsort der Ada-Gruppe aus und favorisieren neben St. Maximin noch Kloster Lorsch.

Zum Abschluss sei noch kurz auf eine Mitteilung von Stephan Beißel (Evangelienbücher, S. 456, Anm. 6) hingewiesen, wonach die Cornell University in Ithaka / New York im Besitz von Bruchstücken einer sogenannten Bibel Adas sei. Hinter dieser kryptischen Mitteilung verbirgt sich folgender Befund: Ein Einzelblatt mit dem Kommentar zu Lukas 7,36 aus einer touronischen Handschrift befindet sich im Bestand der Cornell University. Das Fragment war eingebunden in eine Abschrift des *Liber Bibliae Moralizatus* des Berchorius von Poitiers (Box 2, Folder 6). Berchorius (1290–1362) war ein Benediktinermönch und Freund Petrarcas, der eine wichtige Rolle in der mittelalterlichen Rezeption Ovids spielte. Eine inhaltliche Beziehung zwischen dem Trägerband und dem Fragment besteht nicht. Das Fragment (Größe: 205x148/176 mm) wird in die Zeit um 800 datiert und dem Skriptorium der Hofschule Kaiser Karls des Großen zugewiesen (Beschreibung vgl. CornellMedMS_010_001.jpg). Angeblich soll Ada die Bibel bzw. den Bibelkommentar der Abtei St. Maximin in Trier übereignet haben. Das Fragment wurde vom Bibliothekar der Cornell University, George Lincoln Blurr (1857–1938), käuflich für die Bibliothek der Universität erworben. Es ist aus dem Trägerband herausgelöst.

Lassen wir die Debatte um die Person Adas und ihre Schenkungen an das Trierer Kloster Maximin damit auf sich beruhen und wenden wir uns der späteren Überlieferungs- und Besitzgeschichte des *Ada-Evangeliars* zu.

Die Maximiner Besitzgeschichte des Ada-Evangeliars

Ungeachtet der großen Probleme, die sich auftun, wenn man den Herstellungsort bzw. die Herstellungsorte des *Ada-Evangeliars* eruieren möchte, steht fest, dass der Kodex spätestens seit dem frühen 12. Jahrhundert in St. Maximin aufbewahrt wurde. Dies geht hervor aus dem ältesten überlieferten, zwischen 1100 und 1125 entstandenen Bibliothekskatalog der Abtei St. Maximin (StB Trier, Hs 2209/2328 2° II, fol. 1r, Z. 3 [Abb. 6]).

Das mehrfach edierte Verzeichnis (u. a. Knoblich, Die Bibliothek, S. 120–124) erwähnt auf fol. 1r unter der Nummer 4 einen „textus evangelii unus auro scriptus". In diesem Kodex erblickt die Mehrheit der Forscher das *Ada-Evangeliar* (vgl. Keuffer, Bücherei, S. 51). Doch hat Isabel Knoblich (Die Bibliothek, S. 66) darauf hingewiesen, dass es ein weiteres in Gold geschriebenes Evangeliar aus St. Maximin gibt. Hierbei handelt es sich um die heute in New York liegende Handschrift der Pierpont Morgan Library Ms. M 23. Der Kodex ist unter dem kunstsinnigen Trierer Erzbischof Egbert (977–993) im letzten Viertel des 10. Jahrhunderts entstanden, möglicherweise aus Anlass der Krönung Kaiser Ottos III. im Jahre 983. Im 16. Jahr–

LIBRI · DE · ARMARIO ·

Bibliothece due maiores perfecte. Item alia minor in

textus euangelii unus auro scriptus. Item alii quinque.

Abb. 6: StB Trier, Hs 2209/2328 2° II: Ältester Maximiner Bibliothekskatalog

hundert gelangte er nach England in die Bibliothek von König Heinrich VIII. (1491–1547) und über Zwischenstufen im Jahre 1900 nach Amerika in die Sammlung von J. P. Morgan (1867–1943). Falls die Handschrift im 12. Jahrhundert noch in St. Maximin gelegen haben sollte, könnte auch sie mit dem „textus auro scriptus“ des Maximiner Bibliothekskataloges identisch gewesen sein. Dem widerspricht allerdings, dass auch das zur Ada-Gruppe gehörende *Lorscher Evangeliar*, das als Nummer 1 im ältesten, aus dem 10. Jahrhundert stammenden Bibliothekskatalog von Kloster Lorsch erscheint, als „Evangelium scriptum cum auro pictum“ bezeichnet wird (Becker, Catalogi, Nr. 37). Die Bezeichnung „textus auro scriptus“ scheint also in karolingischer Zeit für Chrysographen, d. h. für in Gold geschriebene Bücher, standardmäßig verwendet worden zu sein. Die Identifizierung eines individuellen Stückes wird dadurch naturgemäß sehr erschwert.

Die spätere Besitzgeschichte der Handschrift

Bis zum drohenden Einmarsch der Franzosen in Trier gegen Ende des 18. Jahrhunderts verblieb der *Ada-Kodex* in St. Maximin. Dann sorgte der Maximiner Mönch Sanderad Müller (1748–1819) als verantwortlicher Leiter der Bibliothek dafür, dass ein Großteil der Maximiner Bestände auf rechtsrheinisches Gebiet geflüchtet wurde. Hierbei lassen sich drei Überlieferungskomplexe unterscheiden, die jeweils ein anderes Schicksal erfuhren: erstens die Zimelien und das Archiv, zweitens die Handschriften und drittens die gedruckten Werke einschließlich der Inkunabeln (letztere verblieben in Trier). Hans Wolfgang Kuhn (Anmerkungen, S. 115) zufolge waren die wertvollsten Bestände der Maximiner Bibliothek, die Handschriften und Zimelien, bereits im Frühsommer 1792 „in Sicherheit“ gebracht worden. Ob das *Ada-Evangeliar* zu dieser Gruppe gehörte, ist allerdings zweifelhaft. Die einzelnen Stationen der Flüchtung hat Guido Groß (Zum Schicksal des Codex aureus) rekonstruiert. Groß geht davon aus, dass das wechselvolle Schicksal der *Ada-Handschrift* in den ersten Tagen des Monats August 1794 begann und erst nach 24 Jahren, im Jahre 1818, mit ihrer Rückkehr nach Trier endete. Etappen der abenteuerlichen Reise waren der Raum Hanau sowie die Städte

Mainz, Aschaffenburg, Bayreuth, Paris und Aachen. Die erste längere Station machte Müller in Aschaffenburg. Von dort richtete er am 16. September 1795 ein Schreiben an den Landgrafen von Hessen-Kassel. Darin äußerte er die Bitte, für einige Zeit in Hanau bleiben zu dürfen. Der Landgraf ging auf diese Bitte ein und gewährte Müller bis zum Ende des Jahres Wohnrecht in Frankenberg. Mit Beginn des Jahres 1796 zog Müller in das zu dieser Zeit noch preußisch regierte Bayreuth, von dort im Sommer 1797 nach Mainz. Mit der kostbaren Habe im Gepäck suchte er die Festung auf, die allerdings schon bald an die Franzosen fiel. Müller berichtet, er habe die Maximiner Bestände an verschiedenen Stellen in Mainz gelagert, den *Ada-Codex* als bedeutendstes Objekt jedoch mit in seine Wohnung genommen. Diese befand sich im Hause des Obristlieutenants und Baudirektors Jakob Schneider auf dem Tiermarkt. Für die Dauer von knapp drei Jahren konnten die Maximiner Schätze vor dem Zugriff der Franzosen bewahrt werden. Bei einer Durchsuchung des Hauses von Jakob Schneider wurden die drei Maximiner Bücherkisten schließlich gefunden. Gleichzeitig kam es zur Inhaftierung von Schneiders Schwiegersohn, dem Mainzer Hofrat Bernhard Sebastian Nau (1766-1845). Harry Shee (1739–1820), der französische Generalkommissar für die vier rheinischen Departemente, ordnete an, eine Auswahl aus den Maximiner Handschriften zusammenzustellen, um sie der Wissenschaft zugänglich zu machen. Mit der Auswahl beauftragt wurden der Bibliothekar der Mainzer Zentralschule, Gotthelf Fischer (1771–1853), der Mainzer Diplomat Franz Georg Bodmann (1754–1820), der Mainzer Lokalhistoriker Karl Anton Schaab (1781–1855) sowie zwei weitere Beamte. Für einige Wochen gelangte so auch die *Ada-Handschrift* in die Bibliothek der Universität Mainz, wo sie von Gotthelf Fischer beschrieben wurde. Dessen Verzeichnis erschien unter dem Titel *Beschreibung einiger typographischer Seltenheiten* im Druck (2. Lieferung. Nürnberg 1801). Obwohl die Mainzer Kommission davon ausging, dass die ausgewählten Bestände für die Mainzer Zentralbibliothek bestimmt seien, ordnete Shee bereits drei Wochen später ihre Überführung nach Paris an. Zusammen mit zwei Bänden der *Acta sanctorum* (Januar und August), zwei Kartularen auf Pergament und 61 der ältesten Maximiner Urkunden gelangte die *Ada-Handschrift* in die Königliche Bibliothek von Paris. Die Empfangsbestätigung des Ministers datiert vom 10. Oktober 1800. Wenig später wurde der Kodex an das Musée Napoleon weitergegeben. Für die nächsten 14 Jahre lag das *Ada-Evangeliar* nun in der französischen Hauptstadt.

Eine Änderung dieses Zustandes trat erst ein nach der Niederlage Napoleons und der Neuordnung der politischen Verhältnisse durch den Wiener Kongress im Jahre 1815. Erleichternd kam hinzu, dass die aufblühende Romantik ein neues Interesse am Mittelalter und an den Kulturgütern der katholischen Kirche entfachte. Gestalten wie Joseph Goerres, Jakob Grimm und der Kölner Ratsherr und Herausgeber mittelalterlicher Texte Eberhard von Groote (1789–1864) bemühten sich, verloren geglaubte Kulturgüter wieder auf deutschen Boden zurückzuführen. Groote, der zu dieser Zeit preußischer Volontär-Offizier war, forderte im Juli 1815 die nach Paris verschleppten deutschen Kunstschätze zurück. Am 10. Juli 1815 wurde ihm hierzu von dem preußischen Generalfeldmarschall Fürst Gebhard Lebrecht von Blücher (1742–1819) eine unbeschränkte Vollmacht erteilt, für deren Vermittlung General August Wilhelm von Gneisenau (1760–1831) verantwortlich zeichnete. Ausgestattet mit dieser Vollmacht, meldete sich Groote noch am selben Abend beim Gouverneur von Paris sowie beim regierenden Stadtkommandanten. Bei dem zuständigen Directeur du Musée Central des Arts, Dominique Denon (1747–1825), erklärte Groote, die Reklamationsarbeiten würden am nächsten Tage beginnen. Da Denon die Umsetzung des Vorhabens behinderte, ersuchte Groote bei General von Hans Ernst von Ziethen (1770–1848), dem Kommandanten des 1. Armeekorps, um militärische Unterstützung nach. In der Tat wurde Groote zur Durchführung der Aufgabe eine Kompanie pommerscher Landwehr zur Verfügung gestellt, wenn auch mit der Auflage, maßvoll vorzugehen. Mit dem Aufmarsch einer französischen Nationalgarde drohte die Situation zu eskalieren, was letztendlich verhindert werden konnte. Die Suche nach dem *Ada-Evangeliar* verlief zunächst erfolglos. Niemand von den Pariser Verantwortlichen wollte etwas von dem Kodex wissen und man tat so, als sei das wertvolle Stück verschollen. Über die letztendlich dennoch erfolgte Entdeckung berichtet Groote wie folgt: „Eines Morgens war ich mit dem Kriegskommissar Herrn S. auf der Bibliothek, woselbst sich zu unserem Befremden keiner der Bibliothekare befand. Alle Säle waren geöffnet, und wie wir später erfuhren, waren die Herren bemüht, dem kenntnisreichen Erz-Herzog Johann von Österreich einige seltene Werke in den entferntesten Sälen zu zeigen. Wir folgten langsam, und in einem kleinen Zimmer, welches man früher immer verschlossen gehalten hatte, sahen wir unter anderem in einem Glasschrank mehrere Bücher mit kostbaren Deckeln auf kleinen Pulten aufgestellt. Es schienen teils Diptychen, teils andere Kirchenbücher zu sein, auf den Außenseiten mit Elfenbein, getriebener Arbeit und Edelsteinen verziert. Wir sahen näher hin, und eines derselben war dicht unter die mittlere Latte gestellt, durch die beide Türen geschlossen wurden, war also nur mit Mühe zu erkennen. Doch glaubten wir einen großen geschnittenen Stein darauf zu entdecken und ahnten daher schon, den lange vergeblich gesuchten Codex aureus [das *Ada-Evangeliar*] zu finden. Mit Schrecken erblickten uns die zurückgekehrten Herren Bibliothekare bei unserem Fund. Unser Ersuchen, den Schrank zu öffnen, wurde unter allerlei Vorwand abgelehnt. Es hieß, der Aufseher dieses Zimmers sei nicht zu finden, die Schlüssel könnten nicht gleich herbeigeschafft werden, und wir möchten uns bis auf andere Zeit gedulden. Daran war nicht zu denken. Wir erklärten mit Bestimmtheit, nicht von der Stelle zu gehen, bis wir unsere Zwecke erreicht hätten, welcher kein anderer sei, als uns zu überzeugen, ob das verborgene Buch etwa der Trierer Codex Aureus sei" (zit. nach Groß, Schicksal, S. 11). Nur die Versicherung, man werde notfalls Gewalt anwenden, bewegte die Verantwortlichen in Paris dazu, die Schlüssel des Schrankes herbeizubringen und den Kodex gegen Quittung zu übergeben. Groote bemerkt hierzu: „Den berühmten Codex aureus habe ich gestern erst mit vieler List entdeckt und gleich genommen" (Allgemeine Deutsche Biographie, Bd. 9. Berlin 1879 [Nachdr. 1968], S. 728–730, hier S. 729). Leider verblieben die übrigen Handschriften in Paris, und auch bezüglich des *Ada-Kodex* sollte es noch drei Jahre dauern, bis die Handschrift endlich wieder nach Trier gelangte.

Von Paris aus wurde das *Ada-Evangeliar* zunächst nach Aachen gebracht, wo es bis zum Jahr 1818 verblieb. Staatskanzler Karl August Fürst von Hardenberg (1750–1822) verfolgte er den Plan, das kostbare Stück an die neu zu eröffnende Universität Bonn zu übereignen. Diese Pläne wurden naturgemäß in Trier mit großer Sorge beobachtet. Hier war es vor allem der erste Leiter der Stadtbibliothek, Johann Hugo von Wyttenbach, der sich um die Rückerstattung der Handschrift bemühte. Bereits 1815 hatte Wyttenbach sich über verschiedene Instanzen an den preußischen Staatsrat Friedrich Wilhelm von Ribbentrop (1758–1841) gewandt. Sein Briefwechsel mit Joseph von Goerres, Jakob Grimm und der preußischen Regierung zeugt von einem unablässigen Bemühen um die Wiedererlangung der trierischen Kulturgüter. Auf Betreiben Wyttenbachs hin setzte sich die Stadt Trier durch Eingaben bei bedeutenden Persönlichkeiten für die Rückerstattung des Kodex ein. Die Ratsprotokolle der Stadt vom 24. und 26. Januar 1818 verzeichnen eine entsprechende Eingabe bei Minister Hardenberg. Die endgültige Entscheidung über die Rückgabe des *Ada-Evangeliars* fällte jedoch König Friedrich Wilhelm III. persönlich. Im Frühjahr 1818 verfügte der König, der Kodex müsse an die Stadt Trier zurückgegeben werden. Noch im gleichen Jahr gelangte er „durch Allerhöchsten Erlass“ (Keuffer, S. 24) nach Trier und bildet seitdem einen der größten Schätze der altehrwürdigen Stadtbibliothek.

Es bliebe ein Hinweis darauf nachzureichen, dass der *Ada-Kodex* immer wieder in seinem Wert geschätzt und zum Gegenstand möglicher Ankaufsabsichten erhoben wurde. So sollen Kaiser Friedrich III. und Karl der Kühne, als sie 1474 in Trier weilten und nach St. Maximin kamen, die Handschrift auf mehrere tausend Goldgulden geschätzt haben, so berichtet es jedenfalls Alexander Wiltheim in seinen *Origines et Annales coenobii D. Maximini* (StB Trier, Hs 1621/99 4°, Bd. 1, S. 672). Die gleiche Nachricht findet sich im *Prodromus* Johann Nikolaus von Hontheims (Bd. 1, S. 433). Die Mönche von St. Maximin wiederum gaben an, mehrere deutsche Reichsfürsten hätten den Kodex auf 30.000 Reichstaler geschätzt. Der frühere Kurfürst von Hessen soll sogar 90.000 Gulden geboten haben, so Schaaffhausen (Onyx, S. 208).

Die wichtige Frage, ob das *Ada-Evangeliar* – sollte es seit dem frühen 9. Jahrhundert in St. Maximin gelegen haben – unversehrt den Normannensturm des Jahres 882 überstanden hat, ist nicht stichhaltig zu beantworten. Es lässt sich lediglich darauf hinweisen, dass bis auf marginale Bestände ein Großteil der Urkunden, Kirchenschätze und Handschriften der Abtei Maximin dem Normannensturm zum Opfer fiel. Ob der – bis auf den ursprünglichen Deckel

– intakte Zustand der Handschrift den Schluss rechtfertigt, der *Ada Kodex* sei erst nach dem Normannensturm nach St. Maximin gelangt, dies ist eine Frage, deren Beantwortung der weiteren Forschung überlassen bleiben muss.

Der Text des Ada-Evangeliars

Auch wenn das *Ada-Evangeliar* heute vor allem als ein Objekt der Buchkunst oder der Kunstgeschichte betrachtet wird, so gehört es doch ebenso sehr dem Gebiet der Textgeschichte, genauer gesagt, der biblischen Textgeschichte, an. Der Kodex beinhaltet den Text der vier Evangelien mit verschiedenen Vorreden, und es ist daher zu fragen, welche Überlieferung des biblischen Textes das *Ada-Evangeliar* bietet und worin seine Stärken, Schwächen und Besonderheiten liegen.

Im Mittelpunkt der Produktion der Hofschule standen Evangeliare, Missale und Psalterien. Gesamtbibeln (Pandekten) wurden dagegen nicht in Angriff genommen. Demgegenüber haben sowohl Alkuin als auch Theodulf von Orléans, jeweils außerhalb der Hofschule, auch Gesamtbibeln hergestellt. Alkuin redigierte seine Gesamtbibel als Abt des Martinsklosters in Tours. Die daraus hervorgegangene Bibelausgabe überreichte er Karl dem Großen im Jahre 800. Theodulf arbeitete etwa gleichzeitig in Orléans und Fleury (Saint Benôit-sur-Loire). Seine Bibel liegt heute in der Nationalbibliothek Paris (Ms lat. 9380).

Bernhard Bischoff geht davon aus, dass es alles in allem nur „etwa zehn Hände aus zwei bis drei Jahrzehnten“ waren, die als Schreiber der Hofschulhandschriften zu identifizieren sind (Bischoff, Hofbibliothek, S. 158). Anspruch der Hofschule war es, mustergültige Exemplare der biblischen Texte herzustellen, die sich im gesamten Reich durchsetzen sollten. Die Frage, inwieweit dieser hohe Anspruch umgesetzt werden konnte, wird von Bonifatius Fischer (Bibeltext, S. 102–109) allerdings zurückhaltend beantwortet. Zum einen scheinen die *Libri Carolini*, in denen Karl der Große das Programm einer einheitlichen Textgestaltung für die Liturgie entwickelte, nur in wenigen Handschriften verbreitet gewesen zu sein. Wir besitzen lediglich Kenntnis von sechs Kodizes. Zum andern ist nicht klar, was genau sich hinter dem Begriff „emendare“ („verbessern“) verbirgt, mit dem die Korrekturarbeiten am biblischen Text umschrieben wurden. Bonifatius Fischer rechnet hierzu das Verbessern der Rechtschreibung, der Satzzeichen und der Grammatik sowie das Ausmerzen von Verballhornungen und Schreibfehlern. Eine im heutigen Sinn textphilologische Editionsleistung, die unter Hinzuziehung der Gesamtüberlieferung, der Bestimmung einer Leithandschrift und der Herstellung eines idealen Vorzugstextes darauf abgezielt hätte, eine Bibelausgabe von historisch-kritischem Zuschnitt herzustellen, sei zu dieser Zeit nicht möglich gewesen.

Ungeachtet dessen sind die Bemühungen der Hofschule um den biblischen Text der Psalmen als durchaus bedeutend zu betrachten. Immerhin repräsentiert der zur Hofschule gehörende *Dagulf-Psalter* die älteste Handschrift der römisch-gallikanischen Cantica-Reihe. Karl der Große und seine Hoftheologen wollten mit dieser Handschrift ein Beispiel dafür liefern, welcher Psalmentext und welche Cantica-Reihe die richtigen seien und allgemeine Geltung beanspruchen durften. Hierbei schloss man sich nicht dem *Psalterium Romanum* an, der ersten Bearbeitung des altlateinischen Textes durch Hieronymus aus den Jahren 382/85. Auch die dritte, nach dem hebräischen Urtext erstellte Ausgabe des Kirchenvaters aus den Jahren 392/93 wurde nicht zur Richtschnur genommen. Vielmehr favorisierte man die in den Jahren 386/87 in Palästina nach der *Hexapla* des Origines (ca. 185–254) angefertigte, später als *Psalterium Gallicanum* benannte Psalmenausgabe. Bei dem Text der Evangelien wiederum ergibt sich ein anderer Befund. Hier übernahmen Alkuin und Theodulf von Orléans die Textfassung der Hofschule nicht. Ob dies daran lag, dass den beiden Gelehrten die Rezension der Hofschule als nicht qualitätvoll genug erschien oder dass andere Gründe (etwa das Fehlen von Vorlagenhandschriften) den Ausschlag gaben, bliebe zu untersuchen. Die Abwendung Alkuins von der Textfassung der Hofschule beruhte aber offenbar nicht auf einem Zufall.

Eine stärkere Wirkung konnte die Hofschule in Metz unter Bischof Drogo und in Reims unter Bischof Ebo entfalten. Auch Fulda, Augsburg, Salzburg und möglicherweise Trier zeigten sich von dieser Textfassung geprägt. Bis um 840 bildete der Text der Hofschule die einflussreichste Fassung der Evangelien, erst danach kam die touronische Tradition auf.

Ein Weiteres kommt hinzu: Auch wenn es grundsätzlich richtig ist, dass in der Zeit Karls des Großen das Bemühen vorherrschte, den Text der Bibel nicht nur ästhetisch ansprechend, sondern auch philologisch korrekt zu präsentieren, so waren solche Aktivitäten doch immer auch von regionalen und überlieferungsgeschichtlichen Akzidenzien beeinflusst. Konkret: Eine normative Vorlagenhandschrift musste im konkreten Fall auch tatsächlich vorhanden gewesen sein.

Der *Ada-Kodex* bietet den Text der Evangelien nach der *Vulgata*, der lateinischen Übersetzung des Kirchenvaters Hieronymus. Dabei ist die Reihenfolge der vier Evangelien mit der Anordnung Matthäus, Markus, Lukas und Johannes die für das Mittealter übliche. Im Gegensatz dazu konnten die Anordnung und die Anzahl der einleitenden Texte von *Vulgata*-Handschriften untereinander differieren. Hier ist im Einzelfall genauer hinzuschauen. Auch die Kapiteleinteilung der Evangelien und deren Inhaltsangaben wurden variabel gehandhabt.

Die Geschichte der *Vulgata* in der Spätantike und im Mittelalter ist für die ersten 800 Jahre recht dunkel. Immerhin aber lässt sich belegen, dass es zu Beginn des 9. Jahrhunderts zu einem starken Anschwellen der Überlieferung kam, ein Phänomen, das Karl der Große durch „normierte" Vorzugsausgaben in den Griff zu bekommen suchte. Theodulf von Orléans und Alkuin waren die treibenden Kräfte dieser Bemühungen. Doch wäre es zu einfach, im *Ada-Evangeliar* lediglich das deckungsgleiche Produkt der theodulfischen oder alkuinischen Bibelrevision zu erblicken, eine Sichtweise, die Edmund Braun in seinem Werk über die Geschichte der Trierer Buchmalerei vertreten hat. Dort heißt es: „Alkuin ist ferner der Träger einer Bibelreform; ein Exemplar der Alcuin'schen Bibelversion ist z. B. der Trierer Adakodex" (Braun, Geschichte, S. 61). Dieser eindimensionalen Erklärung hat Bonifatius Fischer, der beste Kenner der Textgeschichte der Vulgata im Mittelalter, dezidiert widersprochen und zu einer erneuten Untersuchung des Textes aufgefordert.

Der Text des *Ada-Evangeliars* weist an vielen Stellen Revisionen auf. Es finden sich Verbesserungen der Orthographie und der Interpunktion sowie Korrekturen von Schreibfehlern. Auffälligerweise sind die Verbesserungen im größeren, später entstandenen Teil der Handschrift seltener als im älteren. Man kann hieraus den Schluss ziehen, dass die Übereinstimmung des jüngeren Teiles mit seiner Korrekturvorlage größer war als jene des älteren mit der seinigen, möglicherweise auch, dass beide Teile von verschiedenen Vorlagen aus kopiert wurden. Die durchgeführten Korrekturen stammen vermutlich von einer Hand. Der Korrektor verwendete, wie es auch auf die beiden Textschreiber zutrifft, Goldtinte, allerdings ist die Tinte bei den Korrekturen etwas matter als beim Text der Bibel. Hand B des *Ada-Kodex* stimmt mit der Mehrheit der verfügbaren karolingischen Bibelausgaben in Goldschrift überein. Hand A hingegen zeigt verstärkt Rückgriff auf altlateinische und gemischte Lesarten. Peter Corssen (Der Bibeltext, S. 37 f.) hat hieraus den Schluss gezogen, dass Hand A eine altertümlichere, angeblich touronisch geprägte Rezension der Evangelien berücksichtigte, während Hand B eine modernere Lesart nach franko-sächsischem Zuschnitt verfolgte. Corssen rechnet die *Ada-Handschrift* der Text-Klasse B zu. Sie umfasst das Korpus der Hofschul-Evangeliare. Als Handschriften dieser Klasse gelten: Ms 599 der Bibliothèque de l'Arsenal in Paris, Cod. Harl. 2788 der British Library in London, Ms 1 der Bibliothèque Municipale in Abbeville, der Vaticanus 50 sowie die Pariser Handschriften 8849, 8850, 9383 und 11955. Der Trierer Text bildet ein wichtiges Glied dieser Kette, da er – zu unterschiedlichen Zeiten entstanden – Anfang und Ende der Entwicklung dieser Klasse deutlich erkennen lässt. Die gesamte Klasse B wiederum zeigt als erste die unter Alkuin zustande gekommene Revision des Bibeltextes. Sie gilt als die fortschrittlichste Form der Textüberlieferung dieser Zeit. Grundlage für die Revision des Textes waren vermutlich gute Vulgata-Handschriften aus Italien, die auch Alkuin benutzte. Die Klasse C schließlich subsumiert Handschriften verschiedener Herkunft, allen voran das *Ebo-Evangeliar* (Ms 1 in Epernay). Wichtig ist die von Anton von Euw (Textgeschichte, S. 49) mitgeteilte Beobachtung, dass der Evangelientext der Aachener Hofschule sich nicht nur in den karolingischen Schulen des 9. Jahrhunderts, „sondern auch in ottonisch-salischen Skriptorien der Reichenau und Echternachs durchsetzte, deren Evangelientexte im 10. und 11. Jahrhundert von den berühmten Bilderzyklen begleitet wurden" (ebd., S. 49).

Auffällig gegenüber anderen Handschriften der Ada-Gruppe ist die Tatsache, dass das *Ada-Evangeliar* nur zwei Vorreden zu den Evangelien besitzt. Üblich sind ansonsten vier Texte: erstens der Brief des hl. Hieronymus an Papst Damasus über seine neue Ausgabe des Bibeltextes (*Novum-opus-Brief*),

zweitens Nachrichten über die vier Evangelien, beginnend mit der Wendung „Plures fuisse", drittens Erklärungen des Eusebius von Cäsarea an Carpian über die Einrichtung der Kanontafeln (beginnend mit dem Wort „Ammonius") und viertens ein angeblich echter, in Wahrheit jedoch fingierter Brief an Papst Damasus über den Gebrauch der Kanontafeln (beginnend mit dem Wort „sciendum"). Das *Ada-Evangeliar* enthält hingegen nur die Texte „Plures fuisse" (fol. 2r-3v) und „Novum opus" (fol. 4r-5v). Es entspricht damit dem *Soissons-Evangeliar*. Der Evangelientext selbst zeigt eine enge Verwandtschaft zum Evangeliar der Pariser Arsenalbibliothek Ms 599.

Insgesamt lässt das *Ada-Evangeliar* einen ambitionierten Redaktor erkennen, der bemüht ist, einen auf der Höhe der Zeit befindlichen Evangelientext zu liefern. Die beiden Schreiber, so das Urteil Samuel Bergers in seiner *Histoire de la Vulgate* (Paris 1893, S. 265), zeigen Beginn und Abschluss der Textentwicklung von in Gold geschriebenen Evangeliaren der Karolingerzeit.

Die künstlerische Ausstattung

Über die Maler, die für die künstlerische Ausstattung des *Ada-Kodex* zuständig waren, wissen wir nichts Genaues. Man nimmt an, dass sie identisch waren mit den Schreibern der Texte. Immerhin geht aus einem Widmungsgedicht (MGH Poet. Lat. I, S. 92 f., Nr. 5) hervor, dass der Schreiber des *Dagulf-Psalters*, ebenso wie sein Schüler Deodatus, von dem das Gedicht stammt, Texte und Bilder des Kodex herstellte. Über Dagulf heißt es dort, er habe die Bücherfelder wunderbar zu pflügen gewusst („qui scit bibliales mire proscindere campos"). Dadurch würden die Worte in einem Schmuck erglänzen, der des Herrn würdig sei. Auch habe er jene [die Worte] mit vielfältigen Farben geschmückt, so dass man glaube, es leuchteten Wiesen mit mannigfaltigen Blumen (Paraphrase nach Denzinger, Handschriften, S. 2). Darüber hinaus betätigte Dagulf sich auch als Elfenbeinschnitzer.

Im Ada-Kodex lassen sich zwei Arten von Malereien unterscheiden: reine Bildseiten sowie Schmuckseiten. Zu den Bildseiten zählen die vier Evangelisten und die zehn Kanontafeln, zu den Schmuckseiten die kleine M-Initiale auf fol. 11v, die große Li-Initiale des Matthäus-Evangeliums (fol. 16r) und die Randleisten. Von der Entstehungszeit her gehören die Evangelistenbilder der jüngeren Schicht des Kodex an. Die Kanontafeln, die Li-Initiale und die 22 gerahmten Textseiten fallen dagegen in die ältere Phase. Von fol. 40r an, wo die jüngere Hand einsetzt, findet eine Reduzierung der künstlerischen Ausstattung statt. Es fehlt sogar das Linienschema für die Randbordüren. Über die Gründe für diese Reduzierung ist nichts bekannt. Möglicherweise hängt sie zusammen mit der Notwendigkeit einer rascheren Fertigstellung des Kodex.

Hinsichtlich der Kanonbögen steht das *Ada-Evangeliar* näher bei dem einfacher gestalteten *Harley-Evangeliar* als bei dem opulenteren *Soissons-Evangeliar*, einem Spätwerk der Ada-Gruppe. Bei den Evangelistenbildern ist es umgekehrt. Die Zwickel der Kanonbögen besitzen nur ein einfaches Blattornament als Füllung, während die Zwickel der Evangelistenbilder Blatt- und Blütenstängel mit darauf sitzenden Tieren aufweisen. Auch die malerische Gestaltung der Bogenbänder erscheint bei den Evangelistendarstellungen fortgeschrittener.

Die Kanontafeln

Sinn und Zweck der Kanontafeln ist es, eine Art Evangelienharmonie oder Konkordanz in Tabellenform zu liefern (Abb. 7). Dies wird dadurch erreicht, dass die zwischen den vier Evangelien identischen Perikopen spaltenförmig aufgelistet werden. Versuche dieser Art, das Gemeingut der Evangelien darzustellen, gab es bereits bei Theophilus von Antiochien († 183), dem Ostsyrer Tatian (2. Jh.) sowie, erhalten in der lateinischen Übersetzung des Victor von Capua, bei Ammonius von Alexandria (3. Jh.). Letzterer teilte die Evangelien in kleine Kapitel ein, wobei Matthäus 355, Markus 233, Lukas 342 und Johannes 232 Einheiten zufielen. Auf diese Einteilung rekurrierten auch die Kanontafeln des Eusebius von Caesarea (ca. 260–339).

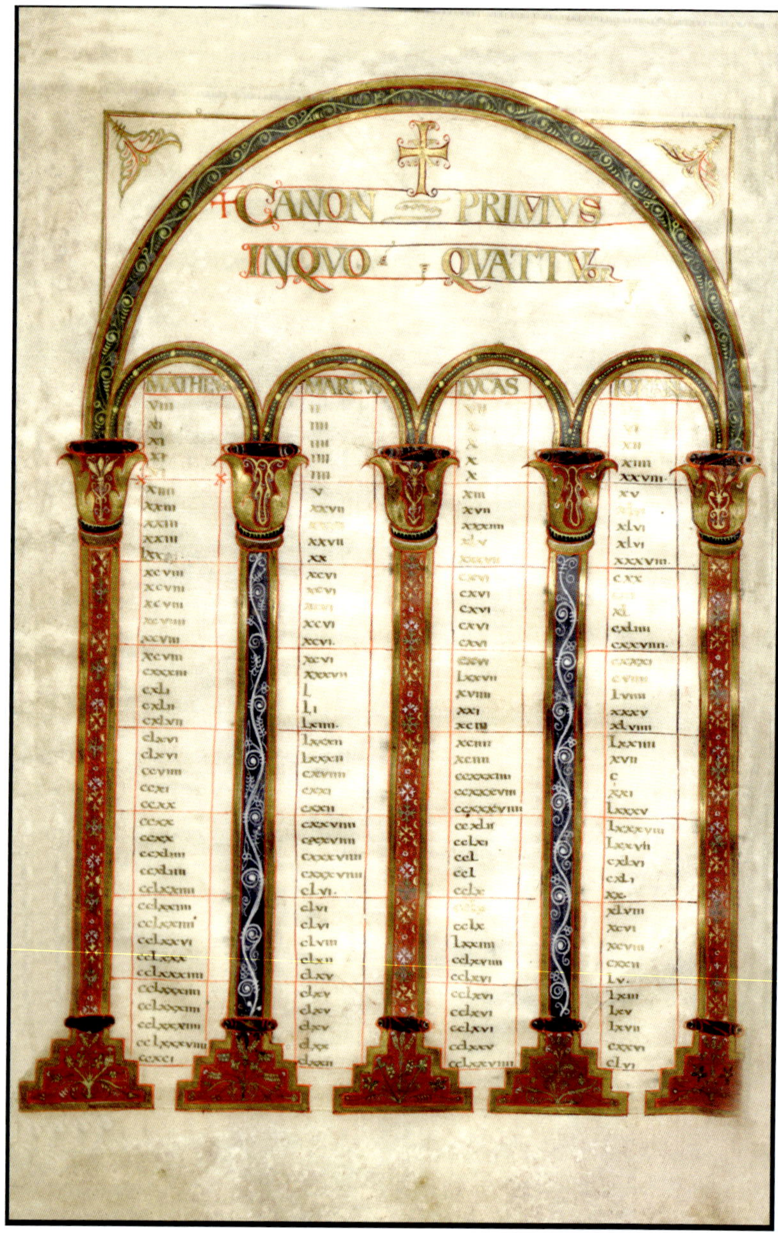

Abb. 7: Ada-Evangeliar, fol. 6v: Canon 1

Eusebius ordnete die Kapitelziffern der Evangelien in zehn Tabellen, ein System, das auch im *Ada-Kodex* Anwendung findet. Carl Nordenfalk bezeichnet diese Anordnung als „kleinere lateinische Kanonfolge". Daneben finden sich Schemata mit 12 oder 16 Kanontafeln. Das Trierer Modell der zehn Tafeln wiederum ist für die übrigen Evangeliare der Hofschule eher untypisch. Im *Ada-Evangeliar* zeigt die erste Tabelle die zwischen allen vier Evangelien gemeinsamen Textstellen, die zweite die gemeinsamen Stellen zwischen Matthäus, Markus und Lukas, die dritte jene zwischen Matthäus, Lukas und Johannes, die vierte jene zwischen Matthäus, Markus und Johannes, die fünfte jene zwischen Matthäus und Lukas, die sechste jene zwischen Matthäus und Markus, die siebte jene zwischen Matthäus und Johannes, die achte jene zwischen Lukas und Markus, die neunte jene zwischen Lukas und Johannes. Die zehnte Tabelle weist das Sondergut eines jeden Evangelisten aus, das nur in einem Evangelium erscheint. In der Buchkunst avancierten die *Eusebianischen Kanontafeln* bald zu den bevorzugt dekorierten Elementen. Sie erhielten die Form von Arkaden, innerhalb derer die Kapitelzahlen eingetragen wurden. Halbkreisförmige Bögen oder Giebel schließen die einzelnen Arkaden zusammen und fungieren als bildlicher Ausdruck für die Einheit der Überlieferung. Die Konkordanzzahlen der Kanontafeln wiederum wurden am Rande der Evangelien eingetragen, um im Bedarfsfall die Parallelstellen leichter auffinden zu können. Diese Praxis trifft auch auf das *Ada-Evangeliar* zu.

Die nachfolgende Beschreibung basiert maßgeblich auf den Beobachtungen von Götz Denzinger. Demzufolge springen in der Ada-Gruppe zwei typische Gestaltungselemente für die Kanontafeln ins Auge: die Verwendung von Arkaden mit einem oben abschließenden Halbkreisbogen sowie die Ausstattung der Lünetten mit den Evangelistensymbolen. Letztere halten eine Tafel, ein aufgeschlagenes Buch oder ein Schriftband in Händen. Eine solche Gestaltung, die auch im *Soissons-Evangeliar* vorkommt, lässt sich zuvor nicht nachweisen. Sie gilt als Erfindung der Ada-Gruppe. Die Bewegung der Evangelistensymbole wirkt äußerst lebendig und direkt, so dass die Motive keinen antiken, sondern eher einen mittelalterlichen Ursprung vermuten lassen. Als Einflussgeber kommen Albert Boeckler (Die Kanonbögen) zufolge antike, byzantinische und insulare Strömungen in Frage. Die Kanontafeln der *Ada-*

Handschrift sind gegenüber jenen des *Soissons-Evangeliars* vergleichsweise einfach gehalten. Sie verbinden byzantinische und insulare Elemente miteinander. Der insulare Einfluss wird deutlich durch einen Vergleich mit dem an der Wende vom 7. zum 8. Jahrhundert entstandenen *Lindisfarne-Evangeliar* (BL London, Cotton MS Nero D IV). Genannt seien die Bandkonturen der Säulenschäfte, gelegentlich die Hörnerkapitelle, spiralartige Motive, mitunter die Zusammenfassung der Kapitelle in Form eines Gesamtkonturs sowie – in Verbindung mit antiken Vorbildern – , die Abtreppung der Basenschäfte. Byzantinische Einflüsse liegen vor in der Zehnzahl der Kanontafeln, im Liniennetz der Ziffernspalten, in den rechteckigen Zwickeln sowie im Kreuz der beiden ersten Tafeln. Durch die Heranziehung byzantinischer Motive kann zudem wahrscheinlich gemacht werden, dass die *Ada-Handschrift* und der *Codex Harleianus* die gleiche Vorlage besaßen, wobei die byzantinischen Elemente im *Ada-Kodex* gehäufter auftauchen und zudem öfter farbig gestaltet sind (Abb. 8).

Im Übrigen fällt auf, dass die Kanonbögen bei gleich bleibender Größe des Umfassungsbogens variable Breiten der Interkolumnien besitzen. Die meisten Kanonbögen bestehen aus fünf Säulen, doch gibt es auch Tafeln mit vier Säulen (fol. 8v und 9r). Bei der verwendeten Ornamentik handelt es sich ausschließlich um vegetabile Füllungen. Während sich die vegetabilen Motive vorwiegend als achsensymmetrische Kompositionen darstellen, sind die geometrischen Ornamente meist als Reihenmuster gestaltet. Die Basen der Pilaster haben die Form von gerandeten Stufen-Dreiecken, deren Binnenfelder mit Ornamentmotiven ausgefüllt sind. Das Grundmotiv der Zwickelfüllungen mit ihren 20 Variationen ist stets das gleiche: „Aus einem Stamm entwickeln sich zwei gelappte, geschweifte Profilblätter, deren Blattspitzen sich zur Mittelachse hin einrollen" (Denzinger, Handschriften, S. 171).

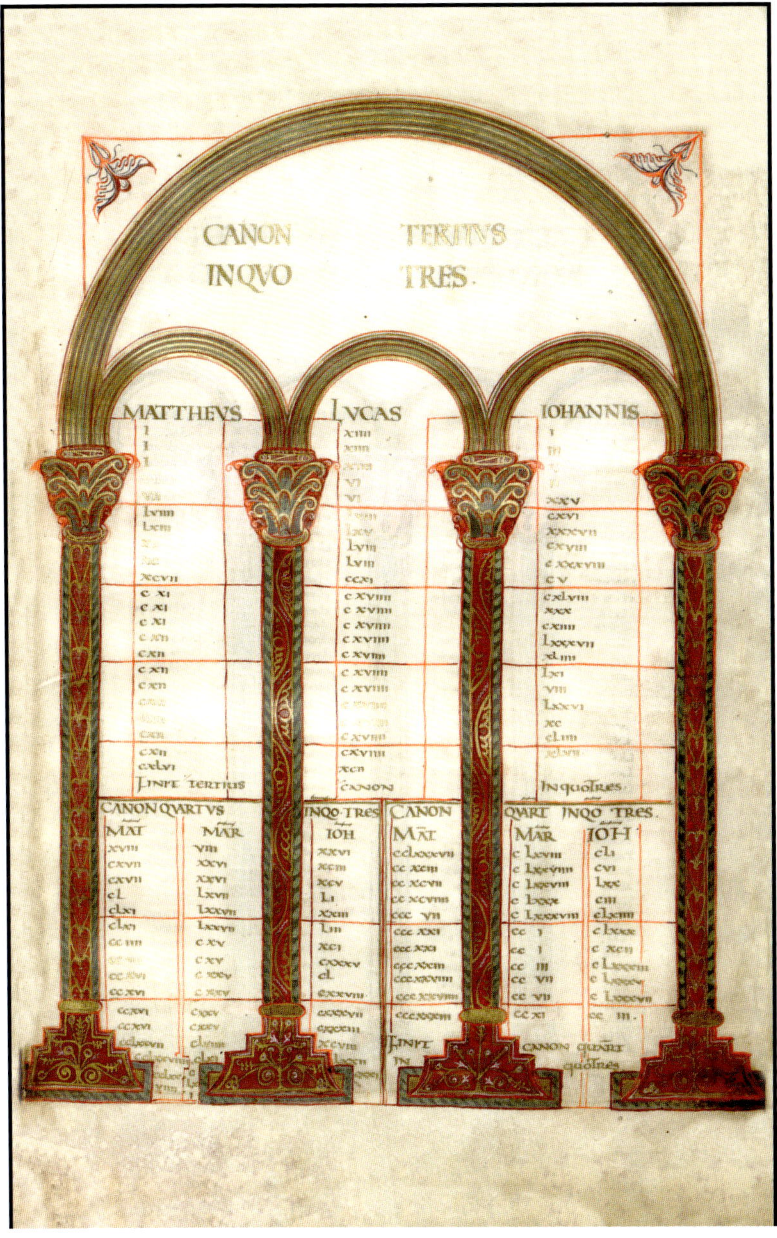

Abb. 8: Ada-Evangeliar, fol. 9r: Canon 3

Die Evangelistenbilder

In den Evangelistenbildern des *Ada-Evangeliars* sind Typus und Stil der gesamten Gruppe zum ersten Mal voll ausgebildet. Aufgrund dieser Tatsache erlangte der *Ada-Kodex* den Status einer Leithandschrift und eines Namensgebers der Hofschule gesamt

Die Darstellung der vier Evangelisten besitzt in den Handschriften der Ada-Gruppe eine gewisse Einheitlichkeit. Die Figuren sitzen (mit Ausnahme jener des *Godescalc-Evangelistars*) unter einer Rundbogenarkade mit Akroterschmuck und sind ausgestattet mit einem aufgeschlagenen Buch und Schreibgerät. Sie wirken wie freie Umformungen antiker Autorenbilder (Abb. 9–12).

Das Mobiliar besteht aus Thron mit Polstersessel sowie Fußschemel und Pult. In den Lünetten der Arkaden erscheinen die Evangelistensymbole Mensch, Adler, Löwe und Stier, jeweils eine geöffnete Buchrolle in Händen haltend. Die Säulen der Arkaden sind dreidimensional gestaltet und bestehen aus gezeichneten Basen, Schäften und Kelchblattkapitellen. Die Basen sind zusammengesetzt aus Plinthe (Sockel) und Säulenfuß sowie einfachem oder doppeltem Wulst. Die Kapitelle verbinden die Elemente Wulst, Kapitellblattzone und Deckplatte.

Bezüglich der Figurendarstellung lassen sich zwei Typen unterscheiden. Der erste Typus – ihm entspricht der Trierer Markus – taucht seine Feder in ein Tintenfass, der zweite – er erscheint im Trierer Lukas – hält seine Schreibfeder empor. Als besonders eindringliches Beispiel für einen Evangelisten der Ada-Schule betrachtet Albert Boeckler den Trierer Lukas. „Mit einer ungemeinen Freiheit der Haltung, mit bezwingender Offenheit des Blickes, im Glanz der Jugend, von prachtvoller Leibhaftigkeit wendet sich der Evangelist in voller Vorderansicht dem Betrachter zu" (Boeckler, Evangelistenbilder, S. 122). Demgegenüber hebt Florentine Mütherich „die mächtige Trierer Johannesfigur" hervor. Sie bilde den Gegenpol zum hoheitsvollen Christusbild des *Lorscher Evangeliars*. In beiden Bildern kämen „Anspruch und Leistung" der Ada-Schule exemplarisch zum Ausdruck (Mütherich, Erneuerung, S. 568).

Geht man ins Einzelne, so zeigt sich, dass die Arkadenarchitektur der Evangelistenbilder vorgeformt ist in spätantiken Darstellungen kaiserlicher Au-

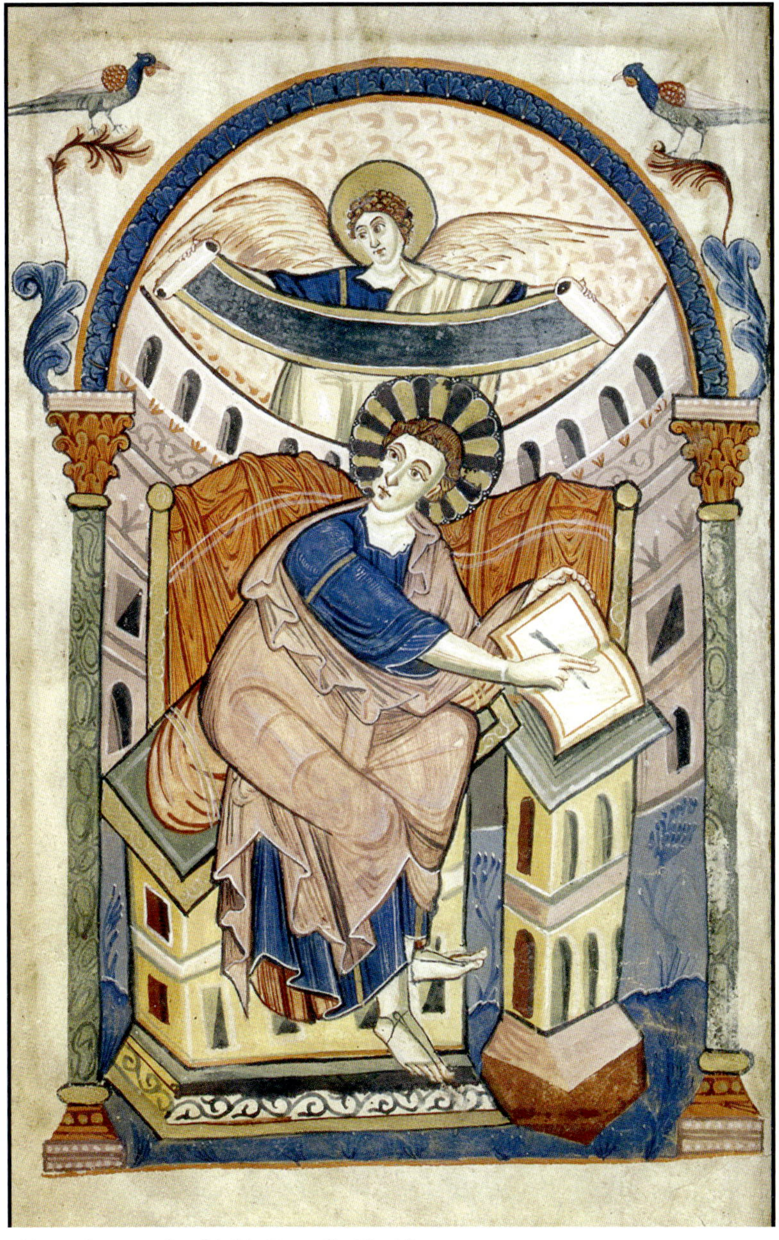

Abb. 9: Ada-Evangeliar, fol. 15v: Evangelist Matthäus

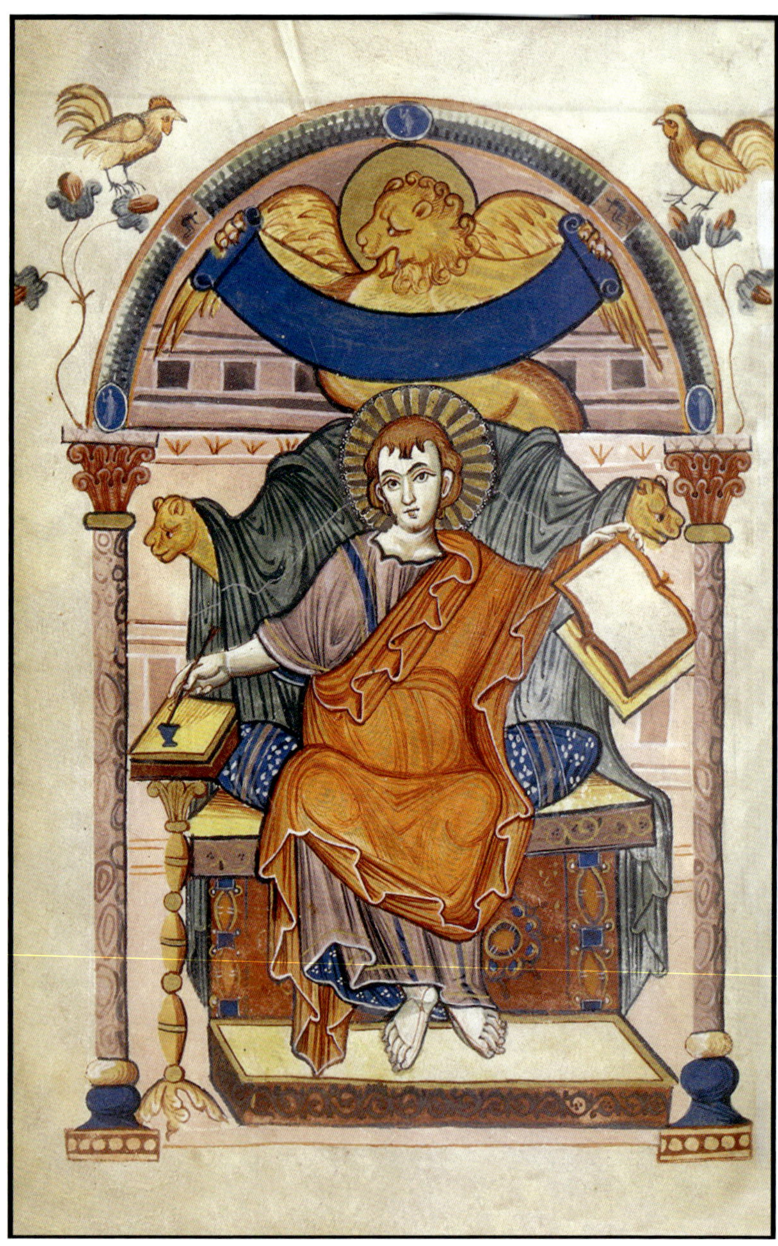

Abb. 10: Ada-Evangeliar, fol. 59v: Evangelist Markus

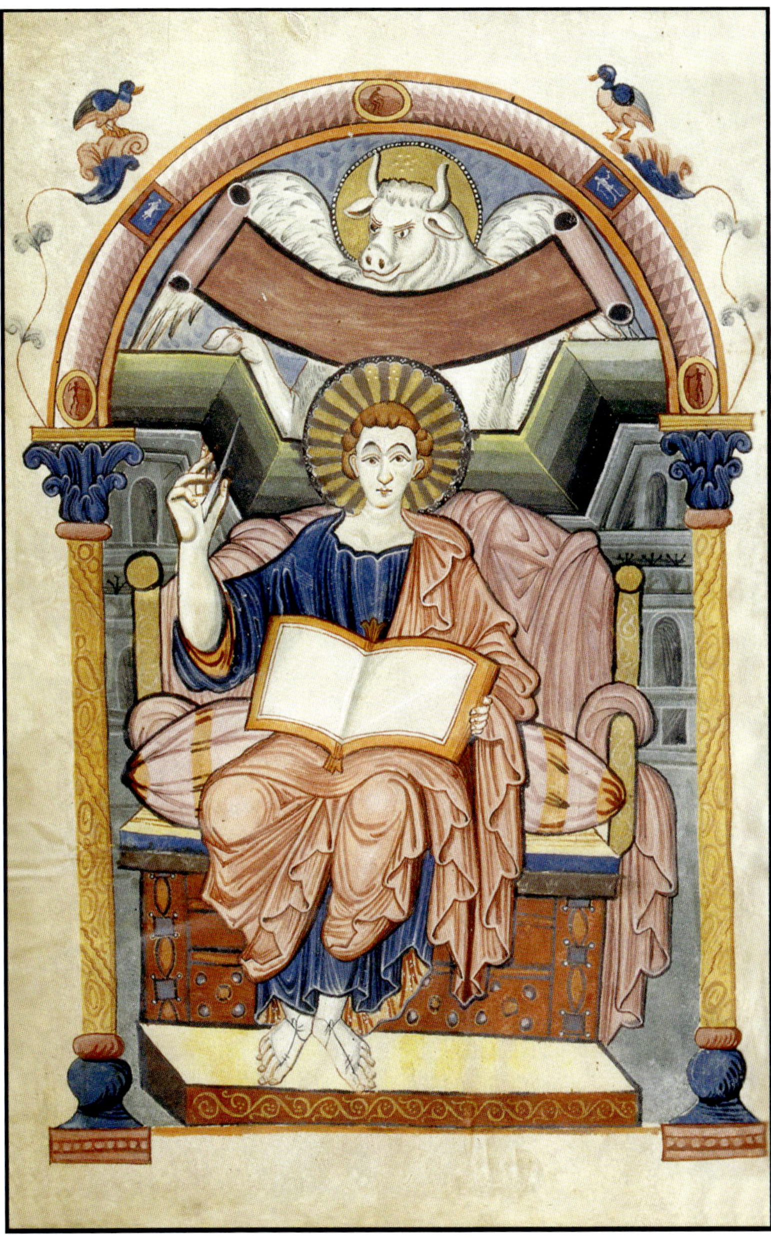

Abb. 11: Ada-Evangeliar, fol. 85v: Evangelist Lukas

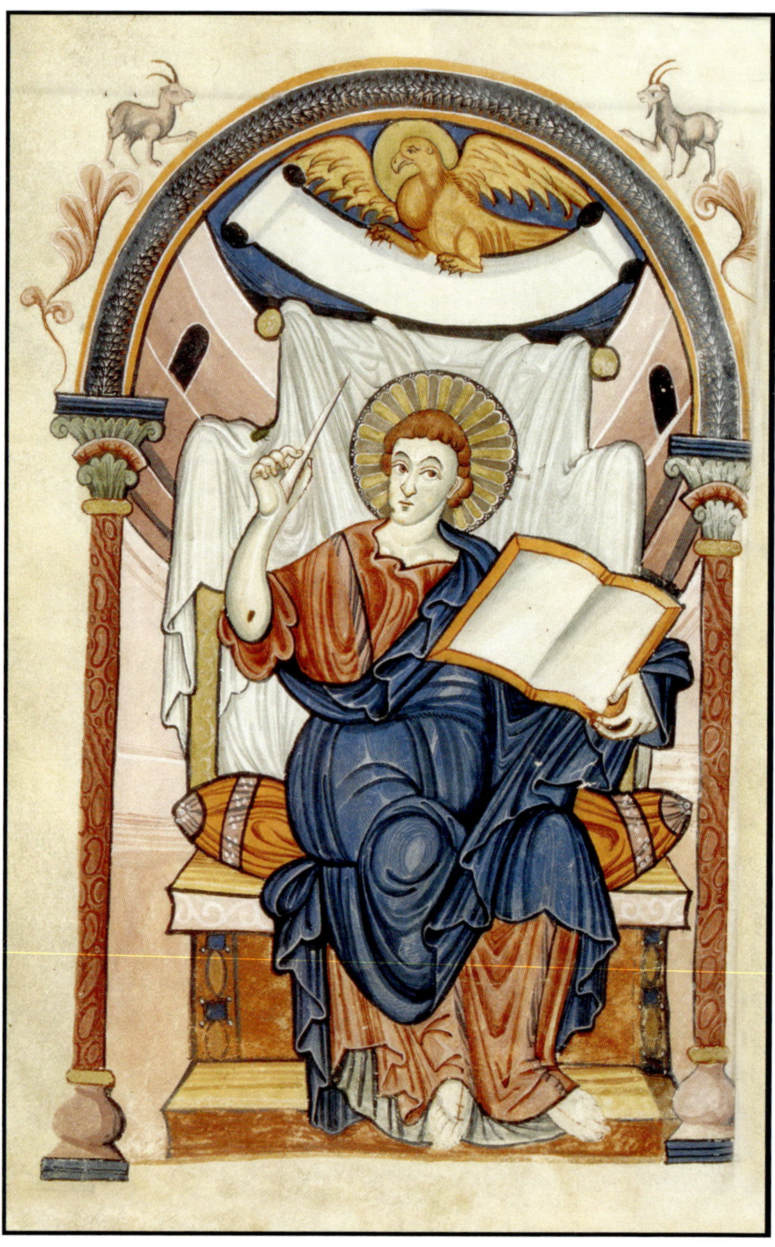

Abb. 12: Ada-Evangeliar, fol. 127v: Evangelist Johannes

dienzen. Von dort aus fand sie Eingang in die christliche Ikonographie. Als Vermittlungsachsen kommen italische Handschriften in Frage, die das antike Formengut in byzantinischer Prägung zeigten. Eine weitergehende Bestimmung des Grundtypus ist nicht möglich, da sich keine graeco-italischen Bildhandschriften aus dem frühen Mittelalter erhalten haben. Albert Boeckler geht jedoch davon aus, dass die Überlieferung über insulare Ableitungen, die sogenannten italo-sächsischen Handschriften, und deren kontinentale Spiegelungen verlaufen sein könnte. Er nennt als Kodizes das Evangeliar Barb. Lat. 570 der Biblioteca Vaticana, den Gothanus Monacensis (olim Gotha Ms I 21, jetzt Bayerische Staatsbibl. München), die Erlanger Handschrift 9, die Würzburger Handschrift 66 sowie die Handschrift 13 der Kölner Dombibliothek.

Neben diesen antiken Elementen fanden auch völlig „un-antike" Gestaltungselemente Eingang in die Ada-Schule. Genannt sei die nicht naturalistisch wirkende, rüschenartige Bekleidung der Evangelisten mit ihren kaskadenartigen Falten. Eine gewisse Eigenständigkeit weist der Matthäus der *Ada-Handschrift* auf. Zwar sind auch bei ihm der Arkadenrahmen und das Evangelistensymbol vorhanden, doch ist der Evangelist nicht von vorn, sondern von der Seite aus gesehen. Hierdurch geht die in sich ruhende Frontalität der Darstellung verloren. Es kommt hinzu, dass die Sitzfläche des Thrones stark abgeschrägt ist, obwohl der Unterbau horizontal verläuft, und dass der linke Fuß des Evangelisten keine Stütze hat. Auch die Haltung des Kopfes wirkt merkwürdig verschoben, da er sich vom Schreibpult abwendet. Man vermutet eine Bildvorlage, die von den drei übrigen Porträts abweicht. Interessanterweise entspricht der Markus des *Godescalc-Evangelistars* dem Matthäus des *Ada-Evangeliars*. Bei ihm wirkt die Wendung des Kopfes plausibel, da der Evangelist sich seinem hinter ihm platzierten Symbol, dem Löwen, zuwendet. Für die beiden Evangelisten ist eine gemeinsame Vorlage zu postulieren. Eine direkte Abhängigkeit zwischen *Ada-Handschrift* und *Godescalc-Evangelistar* kommt aufgrund der unterschiedlichen Gewanddarstellung und anderer ikonographischer Details (Fußschemel) hingegen nicht in Frage. Der Kontrapost der Figur lässt als Vorlage auf eine östliche Handschrift byzantinischer Prägung schließen. Interessanterweise begegnet der Typus des Trierer Matthäus in sämtlichen Werken der Ada-Schule, im *Soissons-Evangeliar* sogar zweimal. So liegt der Schluss nahe, dass im *Soissons-Evangeliar* eine byzantinische Vorlage, die innerhalb der Ada-Gruppe in verschiedenartiger Ausprägung aufgegriffen wurde, ihre reinste Umsetzung erfahren hat.

Auf Byzanz als Impulsgeber der Ada-Gruppe verweisen des Weiteren die Architekturhintergründe der Evangelistenbilder. Es sind dies die Bögen und Halbbögen byzantinischer Evangelisten, deren Prototyp in den Bilddarstellungen antiker Theaterbögen greifbar werden. Konkret können drei Typen unterschieden werden, die sämtlich im Trierer *Ada-Evangeliar* auftreten. Albert Boeckler (Evangelistenbilder, S. 136) nennt folgende Umsetzungen: hohe halbkreisförmige Exedra (Matthäus und Johannes), rechteckiger Hof (Lukas) und schließlich eine parallel zur Bildfläche verlaufende Abschlusswand (Markus). Die ausgeprägte Vorliebe für eine solche Kulissen-Architektur war ein besonderes Merkmal der byzantinischen Evangelistenbilder. Hingewiesen sei auf die Handschriften Patmos Cod. 72, Lawra Cod. 86 oder Oxford, Bodleiana Ms Auct. E. V. 11. Auch der üppige Gewandstil mit seinen Gehängen, Kaskaden, Rüschen und reich gegliederten Säumen ist byzantinischen Ursprungs. Doch sind die Gewänder selbst nahezu ohne Verzierungen dargestellt. Ebenfalls byzantinischen Einfluss verraten die Evangelistenköpfe, die Gesichtsdarstellung, die geschmeidige Modellierung einzelner Bildteile und die Verwendung von Gold. Keines dieser Gestaltungselemente war auf dem Kontinent oder auf den Britischen Inseln in vor-karolingischer Zeit üblich. Letztendlich ist auch bezüglich der Farbgebung, die sich als geschlossene Fläche darstellt, auf byzantinische Vorbilder zu verweisen. Es dominieren intensives Menning, Ocker, kräftiges Blau, dazu Gold, Grün, Weißblau, schattiertes Weiß und Purpur. Die technische Perfektion der byzantinischen Vorlagen muss auf die Künstler der Hofschule wie eine Offenbarung gewirkt haben. Doch ist es nicht zu einer vollständigen Imitation gekommen. Vielmehr erfüllten die Künstler der Hofschule die mitunter starr wirkenden Vorbilder mit einem drängenden Leben und einer beseelten Vitalität, die den Gestalten eine ungeheure Präsenz verleiht.

Neben den byzantinischen Einflüssen finden sich graeco-italische Elemente in der Gestaltung der mit hohen Rückenlehnen ausgestatteten Throne und in den rahmenden Arkaden. Typisch sind frontal dargestellte Throne mit Rücklehnen aus hölzernen Latten und Pfosten, wobei sich vier verschiedenartige Detailgestaltungen greifen lassen. Im Osten kommen diese ikonographischen Typen nicht vor. Bei den Symboldarstellungen der Evangelisten ist für die Ada-Gruppe die Verwendung eines Wolkenhintergrundes charakteristisch, aus dem heraus die Evangelisten auftauchen. All dies erzeugt eine Aura feierlicher Repräsentation, die für Produkte der Hofschule angemessen erscheint.

Folgt man Albert Boeckler, so sind die Evangelistenbilder der Hofschule aus zwei Vorlagen entstanden: aus einem graeco-italischen und einem byzantinischen Evangeliar. Letzteres soll im 8. Jahrhundert entstanden sein (Boeckler, Evangelistenbilder, S. 142). Demgegenüber postuliert Elizabeth Rosenbaum drei Quellen für die Evangelistenbilder. Das *Godescalc-Evangelistar* zeige eine starke Beeinflussung durch eine verloren gegangene illuminierte Handschrift aus Ravenna (6. Jh.). Die drei ersten Evangelisten des *Abbeville-Evangeliars* hingegen seien von einer römischen Vorlage des 8. Jahrhunderts sowie von einer touronischen Handschrift (Stuttgart, Ms II 40) geprägt. Das *Ada-Evangeliar* letztendlich lasse griechische Einflüsse erkennen, die in das Rom des 7. Jahrhunderts verwiesen. Allerdings nimmt Elizabeth Rosenbaum als Vorlage kein griechisches Original, sondern eine römische Handschrift an, die unter starkem griechischem Einfluss gestanden habe. Die engste Verwandtschaft zum Trierer Zyklus böten byzantinische Miniaturen des 10. Jahrhunderts, wie sie in der Handschrift Berg Athos, Stauronitika 43, vorlägen.

Die Initialen

Als besonders herausgehobene Initialen sind die M-Initiale auf fol. 11v (Abb. 13) und die Li-Initialgruppe auf fol. 16r zu nennen (vgl. Abb. 1). Beide sind jeweils in der linken Kolumne des zweispaltigen Textes eingetragen. Der Text selbst wird durch einen äußeren Rahmen eingefasst und durch zwei Zierleisten mit einem dazwischen befindlichen schmalen Streifen in vertikaler Richtung unterteilt. Die Li-Initiale des *Ada-Evangeliars* zu Beginn des Matthäus-Evangeliums unterscheidet sich von der Initialgestaltung der übrigen Hofschule. Bei der Ornamentierung der Initialen wurde vorwiegend auf geometrische Besatzmotive zurückgegriffen. Daneben finden sich Füllmuster mit selten verwendeten vegetabilen Einzelformen. Zoomorphe Motive fehlen völlig.

Innerhalb der Li-Gruppe weist der Buchstabe L die reichste Verzierung auf. Sie besteht aus Flechtbandbesatz, Flechtwerkfüllungen und vegetabilen Einzelmotiven. Zu letzteren gehören Ranke, Dreiblattblüte und Sternblüte mit gelappten Blütenblättern. Der folgende Buchstabe „i" ist im Binnenfeld durch einzelne Dreiblattformen verziert. Die sich anschließenden Buchstaben B, E und R sind deutlich kleiner dimensioniert. Bei ihnen dienen Kreuzblüten als Füllmotive der Binnenfelder.

Der Deckel des Ada-Evangeliars

Wenn vom Deckel des *Ada-Evangeliars* die Rede ist, dann ist damit in aller Regel der vordere Teil gemeint. Er wird mittlerweile losgelöst vom eigentlichen Kodex aufbewahrt. Der hintere Deckel – eine schmucklose Holztafel mit rotviolettem Samtbezug – haftet dagegen noch am Buchblock. Den Mittelpunkt des in der Länge 39,5 cm, in der Breite 27 cm und in der Tiefe ca. 3,5 cm umfassenden Einbandes bildet ein spätrömischer Kameo, auf den weiter unten näher eingegangen wird. Sein besonderer Wert ist bereits von den gelehrten Benediktinern Alexander Wiltheim, Edmond Martène und Ursinus Durand gewürdigt worden. Wiltheim lieferte in seinen *Annales … Maximini* die erste bildliche Darstellung des Kameos, Martène und Durand sahen das *Ada-Evangeliar* auf ihrer berühmten *Voyage littéraire* und publizierten 1724 eine Darstellung des Kameos (ebd., S. 290).

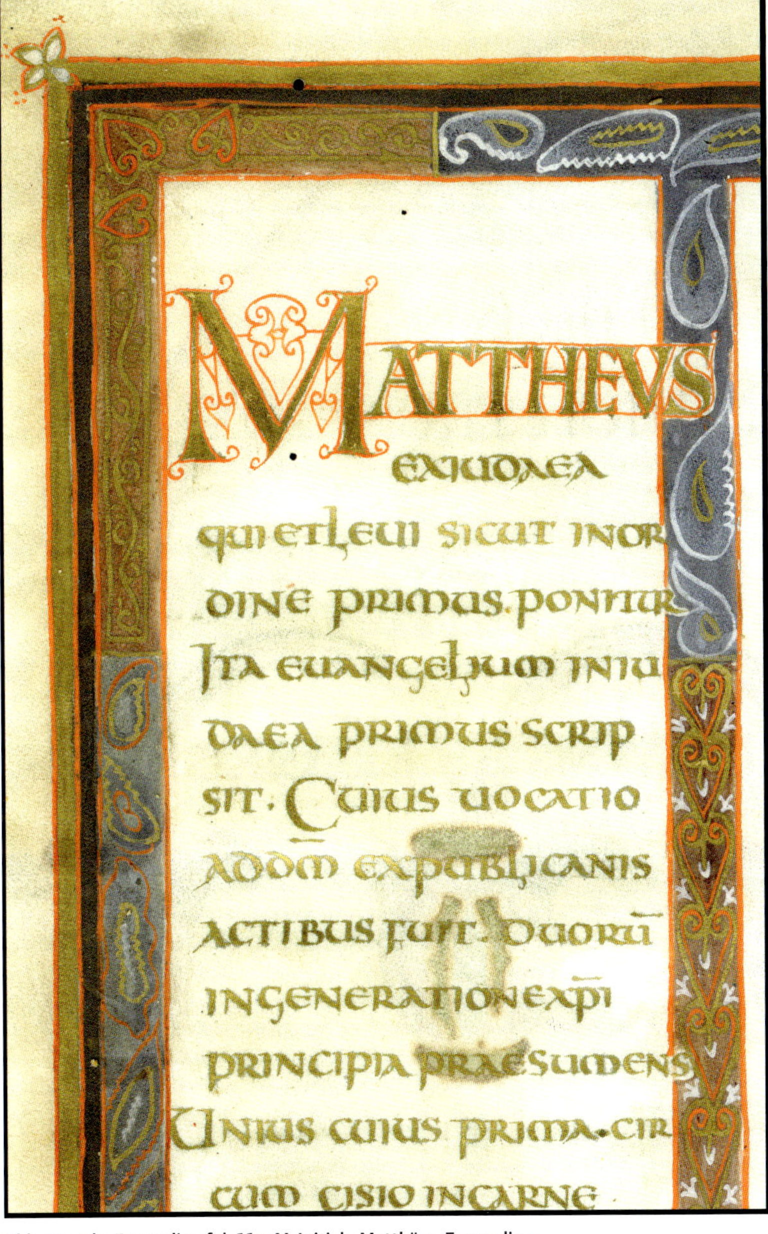

Abb. 13: Ada-Evangeliar, fol. 11v: M-Initiale Matthäus-Evangelium

Der heutige Einband des *Ada-Evangeliars* stammt aus dem Jahr 1499 (Abb. 14). Er ist nicht mehr der originale, karolingische Deckel. Dieser wird im Laufe der Zeit Beschädigungen aufgewiesen haben, so dass er ersetzt werden musste. Über das Aussehen des ursprünglichen Einbandes besitzen wir keinerlei Informationen. Die schmalen Äußerungen aus dem Mittelalter lassen lediglich erkennen, dass er aus kostbarem Metall, möglicherweise aus Gold, bestanden haben muss. Elfenbeintafeln, wie sie für den Einband des *Lorscher Evangeliars* verwendet wurden, sind für den *Ada-Kodex* nicht bezeugt. Man nimmt an, dass sich der neu geschaffene Einband motivisch an den ursprüngli-chen Einband anlehnt und diesen in wesentlichen Teilen erkennbar macht. Geht man davon aus, dass die rechteckige Gestalt des römischen Kameos die Formgebung des kompletten Einbandes bestimmt hat, so wäre dies ein Indiz dafür, dass der Kameo auch schon zum Bestand des ersten Einbandes gehört hätte. Über seine ursprüngliche Bedeutung in spätantiker Zeit liegen keine Nachrichten vor. Wir dürfen davon ausgehen, dass der Kameo nach seiner antiken und mittelalterlichen Verwendung derzeit in einem dritten, frühneuzeitlichen Funktionszusammenhang steht.

Metallverzierte Einbände waren von der altchristlichen bis in die frühgotische Zeit für liturgische Bücher keine Seltenheit. Für die hochgotische Zeit, aus der unser Deckel stammt, trifft dies jedoch nicht mehr zu. Hier hatten billigere Materialien wie Leder längst ihren Siegeszug angetreten. Der Grund dafür, dass man für das *Ada-Evangeliar* dennoch auf edle Materialien zurückgriff – es handelt sich um vergoldetes Silber mit Edelsteinen über Eichenholzkern – muss in der althergebrachten Wertschätzung der Handschrift liegen. Außerdem erforderte die Dicke des Kameos die Verwendung plastischer Stoffe wie Metall und Edelstein.

Bevor wir uns der Deutung des Einbandes zuwenden, soll eine knappe Beschreibung vorausgeschickt werden.

Das Mittelfeld des Einbandes wird von einem großen Kreuz gebildet, in dessen Zentrum der spätantike Kameo ruht. Mithilfe verzierter Doppelleisten wird die Einbandtafel in sieben Felder aufgeteilt. Im oberen Feld in der Mitte ist ein großer Bergkristall zu sehen, im Feld darunter erscheint das Evangelistensymbol des Johannes. Es ist dargestellt als stehendes geflügeltes

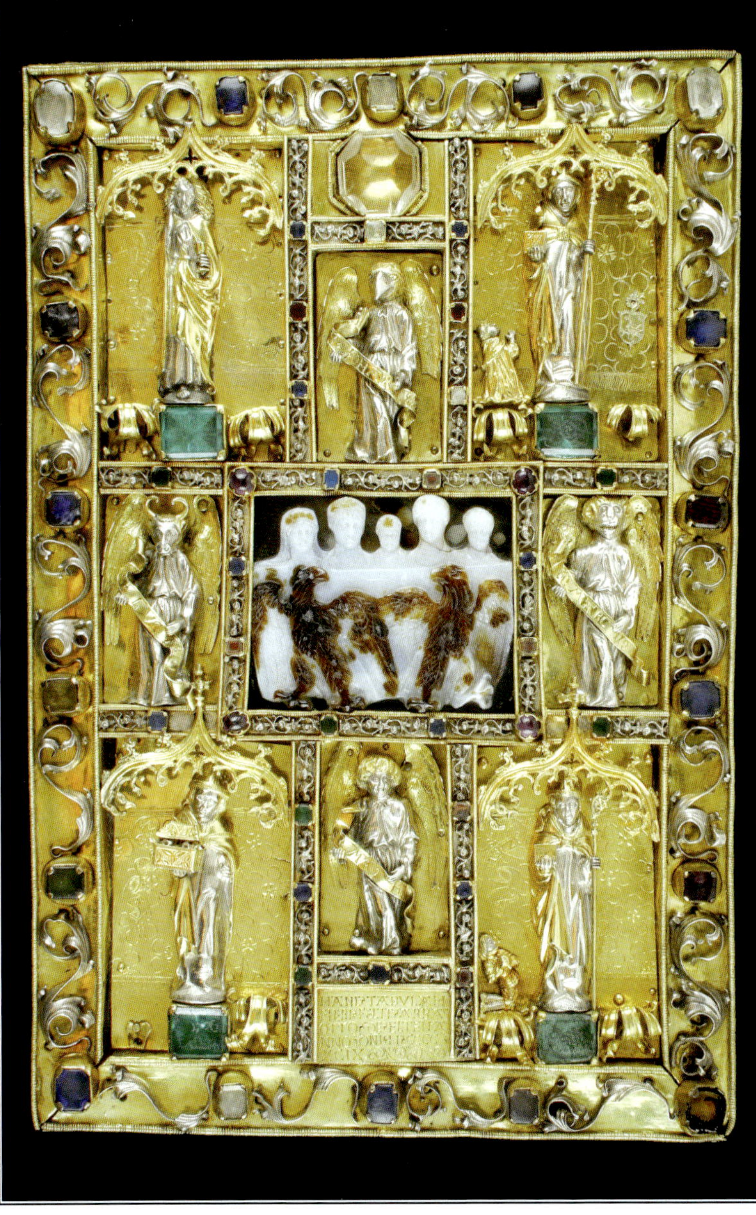

Abb. 14: Ada-Evangeliar, Deckel

Wesen mit Adlerkopf. In der linken Hand hält das Wesen eine Banderole mit der Aufschrift „S. JOHANES“, die Rechte ist zum Segens- oder Redegestus erhoben. Die übrigen Evangelisten sind analog gestaltet. Es folgt – vom Betrachter aus – rechts der Evangelist Markus mit Löwenkopf, unten der Evangelist Matthäus mit Menschenkopf und links der Evangelist Lukas mit Stierkopf. Die Anordnung mit Johannes oben, Lukas links, Markus rechts und Matthäus unten ist die im Mittelalter übliche. In der vertikalen Achse unten als siebtes Feld ist eine Inschrift zu lesen, die den Stifter des Einbandes nennt. Sie trägt den Text: „HANC TABULAM FIERI FECIT ABBAS OTTO DE ELTEN ANNO DOMINI MCCCCXCIX“. „Diese Tafel ließ Abt Otto von Elten anfertigen im Jahre 1499“. In den vier Ecken des Einbandes erscheinen unter vorgeblendeten Eselsrückenbögen vier Heilige mit ihren Attributen. Sie besitzen einen besonderen Bezug zur Abtei St. Maximin. Sämtliche Figuren stehen auf Podesten, die von kostbaren Edelsteinen gebildet werden. Zur Seite der Hauptpodeste befinden sich je zwei aus Ranken gebildete Nebenpodeste, von denen das linke im unteren Feld fehlt. Oben links ist der Evangelist Johannes mit seinem Attribut, dem Giftbecher, zu sehen. Die Abtei St. Maximin besaß ein Johannes-Patrozinium. Im oberen Feld rechts ist der hl. Maximin mit Bischofsstab, Mitra und Buch positioniert. Der Trierer Bischof Maximin (330–347) ist in der nach ihm benannten Abtei bestattet. Links von ihm kniet Abt Otto von Elten, der Stifter der Einbandtafel. Er ist in Ordenstracht und Tonsur dargestellt. Rechts im Hintergrund erkennt man das Wappenschild Ottos von Elten. Es zeigt einen schreitenden Vogel, genauer gesagt, eine Gans. Das Wappen ist auch auf Urkunden der Jahre 1486, 1494 und 1496 zu sehen (Landeshauptarchiv Koblenz). Von Otto von Elten wissen wir, dass er sein Abbatiat im Jahre 1483 angetreten und die Abtei St. Maximin sowohl materiell wie spirituell erfolgreich geführt hat. Unter anderem ließ er ein Kapitelhaus, einen Stall und zahlreiche Klosterhöfe in St. Maximin erbauen und legte die Fundamente zu einem neuen Dormitorium. Otto von Elten verstarb am 30. April 1502. Er wurde in St. Maximin bestattet. Im Maximiner Nekrolog heißt es über ihn, er habe sein Amt 18 Jahre und neun Monate ausgeübt und dem Kloster ebenso nutzbringend wie lobenswert vorgestanden. Im unteren linken Feld des Ada-Deckels ist der Trierer Bischof

Agricius († um 330) zu sehen. Er trägt ein halb geöffnetes Reliquienkästchen in Händen, das bei genauerem Hinsehen Schädel und Armknochen zu erkennen gibt. Dies ist ein Hinweis auf eine gemeinsame Reise, die Agricius und Kaiserin Helena ins Heilige Land unternahmen und durch die wichtigen Reliquien nach Trier übertragen wurden. Helena und Agricius sollen u. a. die Tunica Christi, den Heiligen Nagel und die Gebeine des Apostels Matthias mit nach Trier gebracht haben. Ob die altertümliche Gravierung des Reliquienkästchens darauf hindeutet, dass hier ein antikes Reliquiar des Trierer Domschatzes kopiert wurde, bliebe zu untersuchen. Ein ursprünglich von Agricius getragener Bischofsstab ist mittlerweile verloren gegangen. Auch Agricius soll in St. Maximin bestattet sein, ebenso wie der im Feld unten rechts dargestellte Bischof Nicetius (525–566), so berichtet es jedenfalls Gregor von Tours. Zu den Füßen von Nicetius kniet ein betender Ritter, dessen Identität nicht zweifelsfrei erwiesen ist. Rüdiger Fuchs (Inschriften, S. 616 [Abb. 15]) erblickt in ihm kein Mitglied der Familie Ottos von Elten. Vielmehr handele es sich um den Grafen bzw. Herzog von Luxemburg in seiner Eigenschaft als Vogt von St. Maximin. Da im Jahre 1499 Maximilian I. diese Funktion innehatte, könnte es sich um den späteren Kaiser handeln, der hier also zu Lebzeiten abgebildet worden wäre. Die den Figuren beigefügten Tituli weisen die typischen Formen einer frühhumanistischen Capitalis auf.

In der älteren Literatur findet sich gelegentlich die Behauptung, im Figurenprogramm des Ada-Deckels seien auch Karl der Große und die Namensgeberin des Kodex, Ada, abgebildet. Eine solche Behauptung ist jedoch unzutreffend. Sie deutet darauf hin, dass den Forschern nicht immer eine Autopsie des Einbandes möglich war und infolgedessen falsche Angaben gemacht bzw. weiterkolportiert wurden. Allerdings fehlen einige Konsolfiguren mittlerweile.

Als Künstler des Metalldeckels nimmt man den Trierer Goldschmied Heinrich Wolff an. Von ihm und seinem Sohn Bernhard ist belegt, dass sie für St. Maximin gearbeitet haben. Der Trierer Goldschmied und Restaurator Hans Alof, der den Deckel einer behutsamen Restaurierung unterzogen hat, geht davon aus, dass die Tafel aus mehreren ursprünglich selbständigen Teilen zusammengesetzt wurde. Die Goldschmiedearbeiten wurden zum Teil mithilfe eines

62

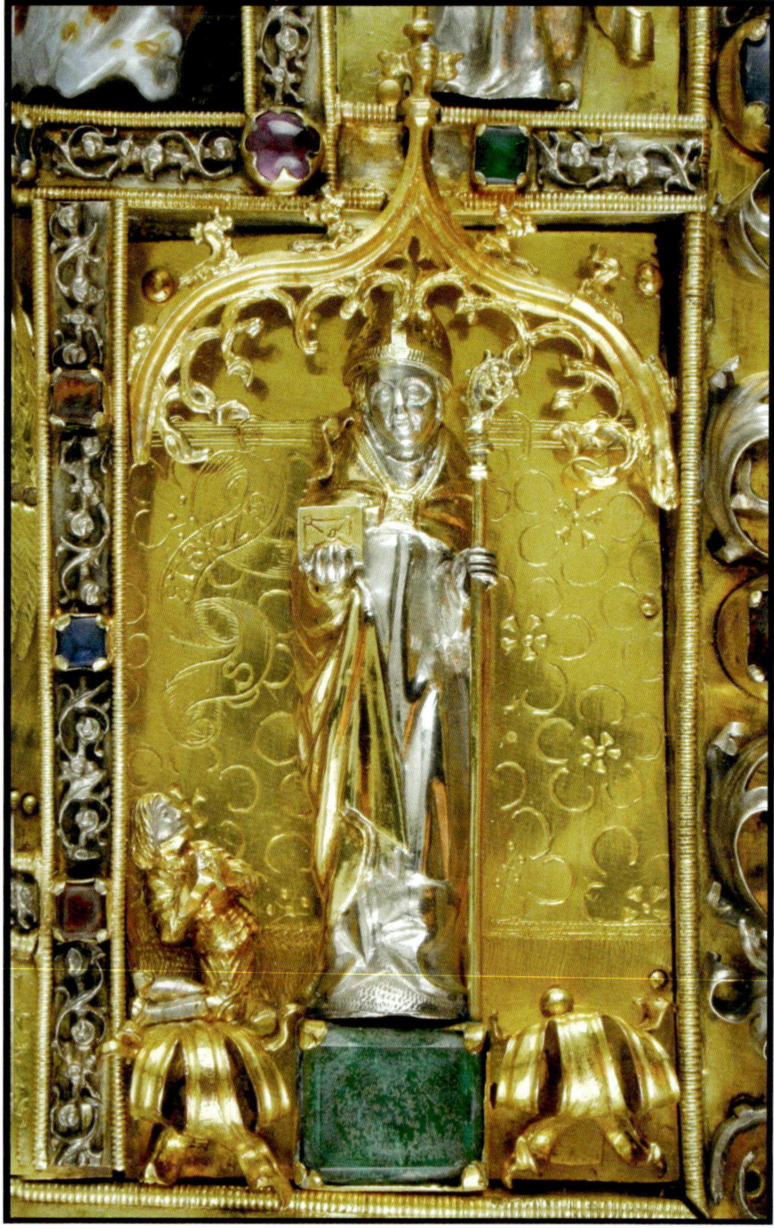

Abb. 15: Ada-Evangeliar, Deckel, Bischof Nicetius

Treibhammers, zum Teil auch mithilfe eines Gussverfahrens durchgeführt. Mit dem Treibhammer sind u. a. die Evangelisten und die Trierer Bischöfe hergestellt. Unter ihnen hat nur der Evangelist Johannes eine gewisse Individualität entwickelt, während die übrigen Gestalten nach einem gleichartigen Grundmodell gefertigt wurden. Durch ein Gussverfahren hergestellt wurden die Attribute der Heiligen und die Baldachine, unter denen die Personen stehen. Von den verwendeten Materialien sind die Kupferpartien regelmäßig vergoldet, die Silberpartien hingegen nur in Ausnahmefällen. Genannt seien die Haarteile, die Obergewänder und die Steinfassungen. Hierdurch entsteht ein koloristischer Effekt, der den gesamten Deckel bestimmt. So heben sich die silbernen Figuren deutlich von ihren goldenen Hintergründen ab, und die bunten Steine bringen ein weiteres Farbelement ins Spiel.

Der Einband des *Ada-Evangeliars* bildet aufgrund seines ikonographischen Programms und seiner Fertigungstechnik ein interessantes Zeugnis für den Stand spätgotischer Goldschmiedekunst im Raum Trier.

Der spätantike Kameo

Von besonderer Bedeutung ist der in der Mitte des Einbandes platzierte spätrömische Kameo des *Ada-Evangeliars* (Abb. 16).

Hierbei handelt es sich um einen geschliffenen Stein (Sardonyx) von 10,7 cm Breite und 8,5 cm Höhe. Er gehörte vermutlich bereits zum ursprünglichen Einband des Kodex. Der Stein könnte an den beiden Seiten sowie am unteren Rand (vielleicht auch oben) beschnitten sein. Auf dem unteren Teil sind zwei Adler zu erkennen. Sie wenden einander die Köpfe zu und besitzen weit ausgespannte Flügel. Möglicherweise sind durch Beschneidungen die Adlerflügel an den Rändern verkürzt, und ursprünglich vorhandene Attribute in den Adlerfänge sind verloren gegangen. Die vom Betrachter aus rechts zu sehende Adlerklaue wurde vielleicht überarbeitet. Es ist nicht auszuschließen, dass sie im Original einen Kranz oder einen Palmzweig festhielt. Doch wird eine solche von Andreas Alföldi in Erwägung gezogene Überarbeitung von Erika Zwierlein-Diehl (Gemmen, S. 454) bestritten. Hinter den Adlern ist eine Brüstung sichtbar. Sie wurde in motivisch verwandten Darstellungen aus älterer Zeit als Wagenkasten einer römischen Quadriga ge-staltet, eine Lösung, die im Trierer Kameo nur noch latent erkennbar ist. Erika Zwierlein-Diehl (Gemmen, S. 202) zufolge wurde der Wagenkasten im Trierer Kameo stark verbreitert, um eine Familiengruppe aufnehmen zu können.

Oberhalb der Brüstung erscheinen fünf nahezu frontal dargestellte Brustbilder. Links erkennt man eine Frauengestalt mit Schleier, daneben einen erwachsenen Mann mit Lorbeerkranz. Bei den weiteren Gestalten handelt es sich vermutlich um einen Knaben, eine Frau und wieder einen Knaben. Es gibt allerdings auch die Ansicht, die zweite Person von rechts sei ein Jüngling. Alle männlichen Gestalten sind bartlos. Die Attribute Adler und Lorbeerkranz deuten auf eine kaiserliche Familie hin. Da die römischen Kaiser von Hadrian bis Diocletian sowie Maxentius und Licinius Bärte trugen, kann es sich nicht um Personen aus dieser Gruppe handeln. Die Forschungsmajorität geht davon aus, dass die dargestellten Figuren die Familie Kaiser Konstantins abbilden. Allerdings wurden auch andere Vorschläge gemacht. So hat Gerda Bruns (Staatskameen, S. 30) die mittlerweile überholte Ansicht geäußert, bei den

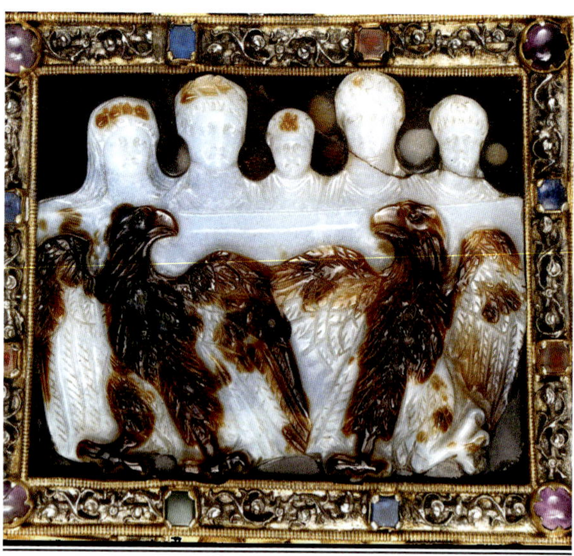

Abb. 16: Spätrömischer Kameo

abgebildeten Personen handele es sich um Mitglieder der Familie von Kaiser Theodosius I. Dies ergebe ein Vergleich mit den Reliefs am Theodosius-Obelisk in Istanbul. Zu sehen sei in der Mitte ein Knabe zwischen seinen Eltern, links der Kaiser als Vater und rechts die Mutter, die durch ihre Frisur als Frau erkennbar sei. Die kleine Knabenfigur rechts trage, ebenso wie der Kaiser, ein Diadem. Die Frau ganz links sei ausgestattet mit Früchtekranz und Schleier. Da Frauengestalten des kaiserlichen Hauses einen solchen (heidnischen) Kopfschmuck zu dieser Zeit nicht mehr getragen hätten, könne es sich nicht um eine Sterbliche handeln. Ganz folgerichtig erkennt Gerda Bruns in dieser Figur eine nicht-menschliche Personifikation, hier der Stadt Konstantinopel. Sie trage auf den meisten Darstellungen Schleier und Mauerkrone. Im Übrigen sei der Stein als ein Dokument zur Erhebung des Honorius zum römischen Konsul zu verstehen. Honorius wurde am 23. Januar 386 im Alter von weniger als zwei Jahren zum Konsul ernannt. Kurz darauf verstarb seine Mutter Aelia Flacilla. Sein Bruder Arcadius war zu dieser Zeit neun Jahre alt und seit drei Jahren Augustus. Auch aus stilistischen Gründen müsse eine Datierung des Steines, so wiederum Gerda Bruns, in das letzte Viertel des 4. Jahrhunderts nach Chr. vorgenommen werden. Die Adler seien ursprünglich Attribute für das Erscheinen eines vergöttlichten Kaisers nach seiner Konsekration auf dem Altar gewesen, hier jedoch fungierten sie als Hinweise auf den Eintritt eines Mitgliedes des kaiserlichen Hauses in die Ämterlaufbahn. Der Kameo wäre in dieser Deutung vor allem ein dynastisches Monument des theodosischen Hauses, eine Deutung, die sich in der Forschung allerdings nicht durchsetzen konnte.

Demgegenüber hat Adolf Furtwängler (Gemmen, Bd. 3, S. 323) den Kameo in das 1. Jahrhundert n. Chr. datiert. Er erblickt in ihm die Darstellung der claudischen Kaiserfamilie, eine Meinung, die langfristig ebenfalls keine Zustimmung erfahren hat. Furtwängler begründete seine Datierung mit den für das 1. Jahrhundert charakteristischen Kopftypen. Demnach seien in den beiden größer dargestellten Personen Claudius und Messalina dargestellt, in den beiden kleineren die Kinder des Paares. Die Frau mit Schleier links am Anfang der Reihe müsse eine Verstorbene sein. Andreas Alföldi schließlich ging davon aus, dass bei der Überarbeitung des Steines eine ursprüngliche Büstenreihe durch eine neue ersetzt wurde, eine Anschauung, die J. M. C. Toynbee heftig bestritten hat und die heute ebenfalls nicht mehr weiter verfolgt wird. Ihr zufolge soll die ursprüngliche Reihe Livia, Tiberius, den jungen Drusus und dessen Zwillingssöhne gezeigt haben. Sie sei im 4. Jahrhundert umgeschnitten worden in die Reihe Helena, Konstantin, Konstans, Konstantin II. und Konstantius II.

Felix Hettner, Wolfgang Fritz Volbach, Anna Maria Cetto, Erika Zwierlein-Diehl und Barbara Weber-Dellacroce verweisen den Stein dagegen in das frühe 4. Jahrhundert. Sie deuten die Figuren als Mitglieder des konstantinischen Kaiserhauses. Abgebildet seien von links nach rechts: Helena, Konstantin, Konstantinus junior, Fausta (die zweite Frau Konstantins) und Crispus.

Die heutige Forschung hat sich im Wesentlichen J. M. C. Toynbee angeschlossen. Demnach ist der Kameo mit großer Wahrscheinlichkeit in der ersten Hälfte oder im ersten Viertel des 4. Jahrhunderts entstanden. Er zeigt – in der Deutung Erika Zwierlein-Diehls – in der vorderen Reihe zwei größer dargestellte Gestalten mit leicht einander zugewandten Gesichtern: Konstantin I. und seine Gemahlin Fausta. Das Haupt Konstantins ziert ein brauner Lorbeerkranz, dessen letztes Blatt rechts aus der weißen Schicht des Steines geschnitten ist. Fausta trägt über dem Mittelscheitel ein ursprünglich ovales, ebenfalls braunes Stirnjuwel, dessen rechte Hälfte durch die große Bruchstelle im Stirnhaar verloren gegangen ist. Die Frau ganz links ist Helena, die Mutter Kaiser Konstantins. Ihr hoher Rang ist durch eine Verschleierung zum Ausdruck gebracht sowie durch ein Juwelendiadem aus bräunlich gefärbten runden Gegenständen über dem Mittelscheitel. Zwischen Konstantin und Fausta erscheint Konstantin II., die kleinste Figur. Sie trägt „einen braunen, sechsstrahligen Stern als Stirnjuwel" (Gemmen, S. 203). Die Figur rechts von Fausta besitzt ebenfalls ein Stirnjuwel, vermutlich ein Medaillon. Zu beiden Seiten des Nackens fallen Bänder herab, die auf den Schultern aufliegen. Um wen es sich bei dieser zweiten Knabenfigur handeln könnte, lässt Zwierlein-Diehl offen, hält aber eine Identifizierung mit Crispus, dem Sohn Konstantins aus einer früheren Verbindung mit Minervina, für möglich. Die gleiche Figurenreihe (Helena, Konstantin, Constantinus II., Fausta und Crispus) wird auch von Barbara Weber-Dellacroce als die dargestellte identifiziert und als die heutige „opinio communis“ bezeichnet (Der spätantike Kameo, S. 25). Da Kaiser Konstantin seine Frau Fausta und seinen Sohn Crispus im Jahre 326 ermorden ließ, ergibt sich damit zugleich ein Datierungshinweis: Der Stein muss vor 326 entstanden sein, dem Todesjahr von Fausta und Crispus. Aufgrund der Tatsache, dass nur zwei Söhne Konstantins dargestellt sind, lässt sich eine weitere zeitliche Einschränkung vornehmen. Es sind nämlich nur die beiden zwischen 317 und 324 amtierenden Caesaren abgebildet. Die beiden anderen Söhne der Fausta, Konstantius II. (geb. am 7. August 317, Caesar ab 324) und Konstans (geb. 320 oder 323, Caesar 333), sind, möglicherweise aus Gründen der Rangordnung, weggelassen. Zieht man die Schlussfolgerungen aus diesen Befunden, so wäre der Kameo zwischen 317 und 324 entstanden. Unabhängig davon findet sich auch die Deutung, die beiden Knaben seien Konstantin II. und der ein Jahr jüngere Konstantius II.

Wie dem auch sei, die Funktion des Steines bestand vermutlich darin, ein dynastisches Dokument der konstantinischen Familie zu liefern, und zwar zu einer Zeit, als die innerfamiliären Machtkämpfe mit der Ermordung von Fausta und Crispus noch nicht virulent geworden waren.

Die Tatsache, dass der konstantinische Kameo in den Deckel des Ada-Evangeliars eingelegt wurde, vermag an sich kaum zu überraschen. Wie wir gesehen haben, lag der Kodex schon früh in St. Maximin. Möglicherweise ist er sogar für die Abtei geschaffen worden. Maximin selbst betrachtete sich immer als eine „kaiserliche“ Gründung. Man führte die Entstehung der Abtei auf Kaiserin Helena zurück. Daneben pflegte man die Überlieferung, Konstantius Chlorus, der Vater Kaiser Konstantins, sei in Trier-St. Maximin bestattet worden.

Eine umfassende kunsthistorische Untersuchung zum spätantiken Kameo des Ada-Evangeliars hat jüngst Barbara Weber-Dellacroce (Trier) in ihrer Dissertation geliefert (s. Literaturverzeichnis). Sie liefert den neuesten Stand der Forschung und bestätigt im Wesentlichen die Ergebnisse von Erika Zwierlein-Diehl.

68

Anhang: Der Text zu Ada aus den Annales Treverenses (Leiden 1670).

„Per idem tempus concessit mortali vita, insigni pudicitiae ac religionis fama nobilis Ada, Pipini regis filia, soror magni Caroli: quae, ut in aede D. Maximini monumento insculptae produnt literae, generis opulentiam & mirifice tunc inclarescentes parentum imagines, Christo pauperi post habuit; brevissimo duntaxat nominis sui elogio in candido marmore relicto; si quidem tantae virtutis altitudinem non angusti sepulchri sinu claudi, sed spatiis caelorum aequari, par erat.

ADA ANCILLA CHRISTI SOROR CAROLI MAGNI.

Spretis itaque cunctis gaudiorum mundi ac voluptatum illecebris, Christi sese obsequio Treviris alicubi mancipavit; Deique famulos, nullo non officii ac liberalitatis genere coluit. Fortunas D. Maximini, datis & assignatis fundis, circa Vangionum, Nemetum, & Moguntiacensium urbes auxit, & majorem in modum protulit. Asservatur in D. Maximini monasterio codex Evangeliorum membraneus, Evangelistarum praescriptus iconibus, & aurea notarum litura, operimento perquam eleganti, quod gemma, variis emblematis, atque parergis nitet, affabre factis. Venerabile id munus Regiae virginis, cui vivens hos ipsa versus vere aureos, si ferream hujus saeculi latinitatem reputes, inscribi voluti:

HIC LIBER EST VITAE PARADISI, QUATTUOR AMNES
CLARA SALUTIFERI PANDENS MIRACULA CHRISTI;
QUAE PRIUS OB NOSTRAM VOLUIT FECISSE SALUTEM.
QUEM DEVOTA DEO JUSSIT PERSCRIBERE MATER
ADA ANCILLA DEI; PULCHRISQUE ORNARE METALLIS.
PRO QUA QUISQUE LEGIS VERSUS, ORARE MEMENTO.

Ejus vetustissimo memoriarum codice apud D. Maximini signatum obitus diem legimus, his poene verbis:

IIII. IDUS MAII OBIIT ADA
ANCILLA CHRISTI, PIAE
MEMORIAE FILIA PIPINI
REGIS, SOROR MAGNI
CAROLI IMPERATORIS,
QUAE MULTA BONA CIRCA
ET INFRA MOGUNTIAM ET
WORMATIAM ET IN PAGO
NACHOWE S. MAXIMINO
CONTULIT, ET POST FINEM
VITAE HIC SEPULTA QUIEVIT.

Abbildungsverzeichnis

Literaturverzeichnis

Alföldi, Kameo = Alföldi, Andreas: Der große römische Kameo der Trierer Stadtbibliothek. In: Trierer Zeitschrift 19 (1950), S. 41–44.

Becker, Catalogi = Becker, G.: Catalogi bibliothecarum antiqui. Bonn 1885.

Beer, Monumenta = Beer, Rudolf: Monumenta palaeographica Vindobonensia. 1. Lieferung. Leipzig 1910, S. 29–68 [Aachen].

Beißel, Evangelienbücher = Beißel, Stephan: Geschichte der Evangelienbücher in der ersten Hälfte des Mittelalters. (Ergänzungsheft zu den Stimmen aus Maria Laach, 92 u. 93). Freiburg 1906, S. 162–183.

Beiträge Geschichte = Beiträge zur Geschichte der Trierer Buchmalerei im früheren Mittelalter. (Westdeutsche Zeitschrift für Geschichte und Kunst, Ergänzungsheft 9). Trier 1895.

Berger, Histoire = Berger, Samuel, Histoire de la Vulgate pendant les premiers siècles du moyen âge. Paris 1893, S. 258-277.

Bierbrauer, Einfluß = Bierbrauer, Katharina: Der Einfluß insularer Handschriften auf die kontinentale Buchmalerei. In: 799. Kunst und Kultur der Karolingerzeit. Karl der Große und Papst Leo III. in Paderborn. Beiträge zum Katalog der Ausstellung Paderborn 1999. Hrsg. von Christoph Stiegemann und Matthias Wemhoff. Mainz 1999, S. 465-481.

Bierbrauer Bilder = Bierbrauer, Katharina: Die Bilder und die Kanontafeln des Lorscher Evangeliars und ihre Nachwirkung. In: Das Lorscher Evangeliar. Kommentar. Hrsg. von Hermann Schefers. Luzern 2000, S. 79-88.

Bischoff, Abtei Lorsch = Bischoff, Bernhard: Die Abtei Lorsch im Spiegel ihrer Handschriften. 2. Aufl. Lorsch 1989.

Bischoff, Hofbibliothek = Bischoff, Bernhard: Die Hofbibliothek Karls des Großen, In: Ders., Mittelalterliche Studien. Bd. 3. Stuttgart 1981, S. 149-170.

Bischoff, Katalog = Bischoff, Bernhard: Katalog der festländischen Handschriften des neunten Jahrhunderts (mit Ausnahme der wisigotischen). Teil 1: Aachen-Lambach. Wiesbaden 1998. Teil 2: Laon-Paderborn. Wiesbaden 2004.

Bischoff, Manuscripts = Bischoff, Bernhard: Manuscripts and Libraries in the Age of Charlemagne. Translated and edited by Michael Gorman. (Cambridge Studies in Palaeography and Codicology, Vol. 1). Cambridge 1994.

Boeckler, Evangelistenbilder = Boeckler, Albert: Die Evangelistenbilder der Adagruppe. In: Münchener Jahrbuch der bildenden Kunst. Dritte Folge 3–4 (1952/53), S. 121–144.

Boeckler, Kanonbogen = Boeckler, Albert: Die Kanonbogen der Adagruppe und ihre Vorlagen. In: Münchener Jahrbuch für bildende Kunst. Dritte Folge 3-4 (1954), S. 7–22.

Boeckler, Studien = Boeckler, Albert: Formgeschichtliche Studien zur Adagruppe. (Bayerische Akademie der Wissenschaften, Philos.-Hist. Klasse, Abhandlungen, N. F., H. 42). München 1956.

Bossert, Geschichte = Bossert, Helmuth Theodor [Hrsg.]: Geschichte des Kunstgewerbes aller Zeiten und Völker. 6 Bde. Berlin 1926 ff. Bd. 5: 1932.

Bruns, Staatskameen = Bruns, Gerda: Staatskameen des 4. Jahrhunderts nach Christus. (104. Winkelmannprogramm). Berlin 1948.

Cetto, Caesaren-Cameo = Cetto, Anna Maria: Der Trierer Caesaren-Cameo. Eine neue Deutung. In: Der kleine Bund (Bern) 30 (1949), Nr. 39.

Crivello, Godescalc-Evangelistar = Crivello, Fabrizio; Denoel, Charlotte; Orth, Peter: Das Godescalc-Evangelistar. Eine Prachthandschrift für Karl den Großen. Mit einem Geleitwort von Florentine Mütherich. Gütersloh/München 2011.

Crivello, Opus eximium = Crivello, Fabrizio: Opus eximium. Ein neues Buch für eine neue Kunst. In: Crivello, Godescalc-Evangelistar, S. 9–17.

Crivello, Schmuck = Crivello, Fabrizio: Der Schmuck. In: Crivello, Godescalc-Evangelistar, S. 73–94.

Crivello, Zusammenfassung = Fabrizio Crivello, Zusammenfassung. In: Crivello, Godescalc-Evangelistar, S. 95 f.

Denzinger, Handschriften = Denzinger, Georg: Die Handschriften der Hofschule Karls des Großen. Studien zu ihrer Ornamentik. Langwaden 2001.

Denzinger, Hofschule = Denzinger, Georg: Die Handschriften der Hofschule Karls des Großen. Bemerkungen zu ihrem Bildschmuck und ihrer Ornamentik. In: Karl der Große – Charlemagne. Karls Kunst. Dresden 2014, S. 109–130.

Euw, Textgeschichte = Euw, Anton von: Die Textgeschichte des Lorscher Evangeliars. In: Das Lorscher Evangeliar. Kommentar. Hrsg. von Hermann Schefers. Luzern 2000, S. 33–53.

Fichtenau, Karl der Große = Fichtenau, Heinrich: Karl der Große und das Kaisertum. In: Mitteilungen des Instituts für österreichische Geschichtsforschung 41 (1953), S. 307–309 [Ada-Gruppe in Verbindung zu Abt Richbod von Lorsch].

Filitz, Elfeinbeinreliefs = Filitz, Hermann: Die Elfenbeinreliefs zur Zeit Karls des Großen. In: Aachener Kunstblätter 32 (1966).

Fischer, Bibeltext = Fischer, Bonifatius: Bibeltext und Bibelreform unter Karl dem Großen. In: Ders., Lateinische Bibelhandschriften im frühen Mittelalter (Vetus Latina, Bd. 11). Freiburg 1985, S. 35–100.

Fuchs, Inschriften = Fuchs, Rüdiger: Die Inschriften der Stadt Trier I (bis 1500). (Die deutschen Inschriften, Bd. 70). Wiesbaden 2006, Nr. 325. S. 616 f. mit Tafeln 228 f.

Furtwängler, Gemmen = Furtwängler, Adolf: Die antiken Gemmen: Geschichte der Steinschneidekunst im Klassischen Altertum. 3 Bde. Leipzig 1900.

Goldschmidt, Buchmalerei = Goldschmidt, Adolph: Die deutsche Buchmalerei. Bd. 1: Die karolingische Buchmalerei. Leipzig 1928, S. 11–15.

Goldschmidt, Elfenbeinskulpturen = Goldschmidt, Adolph: Elfenbeinskulpturen aus der Zeit der karolingischen und sächsischen Kaiser, 8.–9. Jahrhundert. (Denkmäler Deutscher Kunst, Bd. 1). Berlin 1914 [Neudr. Berlin 1969].

Grimme, Geschichte = Grimme, Ernst Günther: Die Geschichte der abendländischen Buchmalerei. 3. Aufl. Köln 1988 (Karoling. Renaissance, S. 34–57).

Groß, Codex = Groß, Guido: Zum Schicksal des Codex aureus in Trier. In: Neues Trierisches Jahrbuch 8 (1968), S. 5-12.

Hettner, Kameo = Hettner, Felix: Der Kameo. In: Die Trierer Ada-Handschrift. Leipzig 1889, S. 116–119.

Holländer, Entstehung = Holländer, Hans: Die Entstehung Europas. In: Belser Stilgeschichte. Bd. 2. Hrsg. von Horst Wetzel. Stuttgart 1993, S. 153-384; zur Buchmalerei S. 241–255.
Hontheim, Prodromus = Hontheim, Johann Nikolaus von: Prodromus Historiae Trevirensis. P. I. Augsburg 1757, S. 432–434.
Janitschek, Ausstattung = Janitschek, H.: Die künstlerische Ausstattung. In: Die Trierer Ada-Handschrift. Trier 1889, S. 63–111.

Karl der Große = Karl der Große – Charlemagne. Karls Kunst. Im Auftrag der Stadt Aachen herausgegeben von Peter van den Brink und Sarvenaz Ayooghi. Dresden 2014.
Kentenich, Ancilla Dei = Kentenich, Gottfried: Ada. Ancilla Dei. In: Trierische Chronik. Neue Folge 4 (1907/08), S. 145–150.
Kentenich, Codex aureus = Kentenich, Gottfried: Der Codex Aureus der Trierer Stadtbibliothek und sein Entstehungsort. In: Pastor Bonus 40 (1929), S. 423-437 [Mainz als Entstehungsort des Ada-Evangeliars].
Keuffer, Bibelhandschriften = Keuffer, Max: Die Bibelhandschriften – Texte und Kommentare – der Stadtbibliothek zu Trier. (Beschreibendes Verzeichnis der Handschriften der Stadtbibliothek zu Trier, H. 1). Trier 1888, S. 18–25.
Keuffer, Bücher = Keuffer, Max: Bücher und Büchereiwesen von St. Maximin in Trier. (Jahresbericht der Gesellschaft für Nützliche Forschungen). Trier 1899 [Trier als Entstehungsort des Ada-Evangeliars].
Knoblich Bibliothek = Knoblich, Isabel: Die Bibliothek des Klosters St. Maximin bei Trier bis zum 12. Jahrhundert. Trier 1996, S. 64–67.
Koehler, Tradition = Koehler, Wilhelm: Die Tradition der Adagruppe und die Anfänge des ottonischen Stiles in der Buchmalerei. In: Festschrift zum sechzigsten Geburtstag von Paul Clemen. Düsseldorf 1926, S. 255–272.
Koehler, Evangelistary = Koehler, Wilhelm: An Illustrated Evangelistary of the Ada School and its Model. In: Journal of the Warburg and Courtauld Institutes 15 (1952), S. 48–66.
Koehler, Miniaturen = Koehler, Wilhelm: Die Karolingischen Miniaturen. Die Hofschule Karls des Großen. 2 Bde. Berlin 1958.
Kuhn, Anmerkungen = Kuhn, Hans Wolfgang: Anmerkungen zur Auflösung der Stifts- und Klosterbibliotheken in und um Trier. Zum Beispiel die Abtei St. Maximin. In: Armaria Trevirensia. Beiträge zur Trierer Bibliotheksgeschichte. 2., stark erweiterte Aufl. Hrsg. von Gunther Franz (Bibliotheca Trevirensis, Bd. 1). Wiesbaden 1985, S. 115–126.
Laudage (u. a.), Zeit = Laudage, Johannes; Hageneier, Lars; Leiverkus, Yvonne: Die Zeit der Karolinger. Darmstadt 2006.
Laufner, Bereich = Laufner, Richard: Vom Bereich der Trierer Klosterbibliothek in St. Maximin im Hochmittelalter. In: Armaria Trevirensia. Beiträge zur Trierer Bibliotheksgeschichte. 2., stark erw. Aufl., zum 75. Deutschen Bibliothekstag in Trier hrsg. von Gunther Franz. Wiesbaden 1985, S. 15–43.
Lorscher Evangeliar = Das Lorscher Evangeliar. Kommentar. Hrsg. von Hermann Schefers. Luzern 2000.
Lowe, Codices = Lowe, E. A.: Codices Antiqui Latini Antiquiores. P. VI. Oxford 1953, S.

Menzel, Codex = Menzel, K.: Codex und Schrift. In: Die Trierer Ada-Handschrift. Bearb. u. hrsg. von K. Menzel. u. a. Leipzig 1889, S. 1–27.

Monumenta Alcuiniana = Monumenta Alcuiniana. A Philippo Jaffeo praeparata. Ediderunt Wattenbach et Duemmler. (Bibliotheca Rerum Germanicarum, T. 6). Berlin 1873.

Morey, Sources = Morey, Charles: The Sources of Medieval Style. In: The Art Bulletin 7 (1924), S. 48 f. [Aachen als Entstehungsort des Ada-Evangeliars].

Mütherich, Buchmalerei = Mütherich, Florentine: Die Buchmalerei am Hofe Karls des Großen. In: Karl der Große. Lebenswerk und Nachleben. Bd. 3. Düsseldorf 1965.

Mütherich/Gaehde, Buchmalerei = Mütherich, Florentine; Gaehde, Joachim E.: Karolingische Buchmalerei. München 1979.

Mütherich, Erneuerung = Mütherich, Florentine: Die Erneuerung der Buchmalerei am Hof Karls des Großen. In: 799. Kunst und Kultur der Karolingerzeit. Ausstellungskatalog. Hrsg. von Christoph Stiegemann und Matthias Wemhoff. Mainz 1999, S. 560-622 [wiederabgedr. in: Dies., Studies in Carolingian Manuscript Illumination. London 2004, S. 1–62].

Nordenfalk, Buchmalerei = Carl Nordenfalk, Die Buchmalerei. In: Karl der Große. Werk und Wirkung. Aachen 195, S. 224-308, hier S. 248 [zum Ada-Evangeliar: S. 251 f. mit Abb. 57].

Resmini, Die Benediktinerabtei = Resmini, Bertram, Die Benediktinerabtei St. Maximin vor Trier. (Germania Sacra. Dritte Folge 11,1. Bd. 13). 2 Bde. Berlin/Boston 2016.

Roberg, Memoria = Roberg, Francesco: Gefälschte Memoria. Diplomatisch-Historische Studien zum ältesten "Necrolog" des Klosters St. Maximin vor Trier. (Monumenta Germaniae Historica. Studien und Texte, Bd. 43). Hannover 2008.

Roberg, „Necrolog“ = Roberg, Francesco: Das älteste „Necrolog“ des Klosters St. Maximin vor Trier. (Monumenta Germaniae Historica. Libri memoriales et Necrologia. Nova Series, T. VIII). Hannover 2008.

Rosenbaum, Portraits = Rosenbaum, Elizabeth: The Evangelist Portraits of the Ada School and their Models. In: The Art Bulletin 38 (1956), S. 81–90.

Sauerland/Haseloff, Psalter = Psalter Erzbischof Egberts von Trier, Codex Gertrudianus in Cividale. Hrsg. von Heinrich Volbert Sauerland und Arthur Haseloff. Festschrift der Gesellschaft für nützliche Forschungen zu Trier zur Feier ihres hundertjährigen Bestehens. 2 Bde. Trier 1901.

Saurma-Jeltsch, Haltung = Saurma-Jeltsch, Lieselotte: Zur karolingischen Haltung gegenüber dem Bilderstreit. In: 794 – Karl der Große in Frankfurt am Main. Ein König bei der Arbeit. Ausstellung zum 1200-Jahre-Jubiläum der Stadt Frankfurt am Main. Sigmaringen 1994, S. 69–72.

Schaaffhausen, Onyx = Schaaffhausen, Hermann: Der Onyx von St. Castor in Coblenz. In: Jahrbücher des Vereins von Alterthumsfreunden im Rheinlande 79 (1885), S. 197–214.

Schauerte, Richbod = Schauerte, Thomas: Richbod von Trier. Beiträge zu Leben und Werk. Mit einem Exkurs zur Lorscher Torhalle. In: Kurtrierisches Jahrbuch 49 (2009), S. 35–66.

Schnütgen, Der Einbanddeckel = Schnütgen, Alexander: Der Einbanddeckel. In: Die Trierer Ada-Handschrift. Leipzig 1889, S. 113–116.

Semmler, Lorsch = Semmler, Josef: Das Lorscher Evangeliar. Kommentar. Hrsg. von Hermann Schefers. Luzern 2000, S. 11–22.
Steffens, Paläographie = Steffens, Franz: Lateinische Paläographie. 2. Aufl. Trier 1909, Tafel 45 (fol. 17a).
Toynbee, Kameo = Toynbee, J. M. C.: Der römische Kameo der Stadtbibliothek Trier. In: Trierische Zeitschrift 20 (1951), S. 175–177.
Trierer Adahandschrift = Die Trierer Ada-Handschrift. Bearbeitet und herausgegeben von K. Menzel, P. Corssen, H. Janitschek, A. Schnütgen, F. Hettner, K. Lamprecht. Mit 38 Tafeln. (Publikationen der Gesellschaft für Rheinische Geschichtskunde, Bd. 6). Leipzig 1889.
Volbach, Kunstgewerbe = Volbach, Wolfgang Fritz: Das christliche Kunstgewerbe der Spätantike und des frühen Mittelalters im Mittelmeergebiet. In: Th. Bossert, Geschichte des Kunstgewerbes aller Zeiten und Völker. Bd. 5. Berlin 1932, S. 46–125, hier S. 99f.
Walther/Wolf, Meisterwerke = Walther, Ingo F./Wolf, Norbert: Meisterwerke der Buchmalerei. Köln (u. a.) 2005.
Weber-Dellacroce, Kameo = Weber-Dellacroce, Barbara: Der spätantike Kameo des Ada-Evangeliars. Überlegungen zur Deutung und Datierung. In: Kurtrierisches Jahrbuch 50 (2010), S. 21–33.
Weber-Dellacroce, Bilder = Weber-Dellacroce, Barbara: Kleinformatige Bilder der römischen „Kernfamilie“. Untersuchungen zu Typen, Ikonographie und Bedeutung. Phil. Diss. Universität Trier. Trier 2011, S. 220–249. (Internetpublikation: http://ubt.opus.hbz-nrw.de/volltexte/2015/912/pdf/Promotion_Weber_Dellacroce_final.pdf) Aufgerufen am 01.02.2017.
Wolter-von dem Knesebeck, Godescalc = Wolter-von dem Knesebeck, Harald: Godescalc, Dagulf und Demetrius. Überlegungen zu den Buchkünstlern am Hof Karls des Großen und ihrem Selbstverständnis. In: Karl der Große – Charlemagne. Karls Kunst. Dresden 2014, S. 31–45.
Zwierlein-Diehl, Gemmen = Zwierlein-Diehl, Erika: Antike Gemmen und ihr Nachleben. Berlin/New York 2007, S. 202–204, 454 und Abb. 755.

Bisher erschienene Titel der Reihe „Kostbarkeiten der Stadtbibliothek Trier"

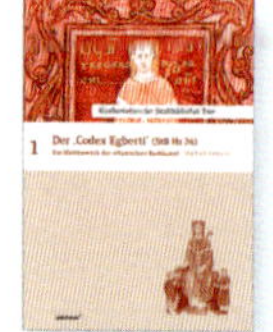

Band 1
2. Auflage
Der Codex Egberti. Ein Meisterwerk der ottonischen Buchkunst
von Michael Embach

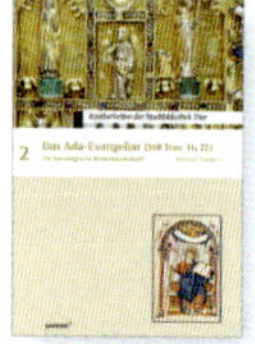

Band 2
3., erweiterte Auflage 2023
Das Ada-Evangeliar
Die karolingische Bilderhandschrift
von Michael Embach

Band 3
Der „Trierer Äsop". Eine illustrierte Fabelhandschrift im Kontext ihrer Überlieferung
von Michael Embach

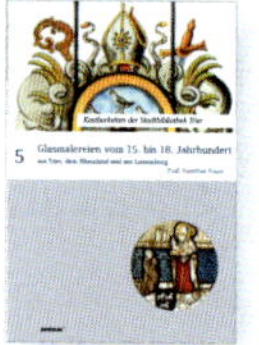

Band 5
Glasmalereien vom 15. bis 18. Jahrhundert aus Trier, dem Rheinland und aus Luxemburg
von Gunther Franz

Band 6
Die Coronelli-Globen –
Barocke Pracht und Wissenschaft
von Wilhelm Seggewiß

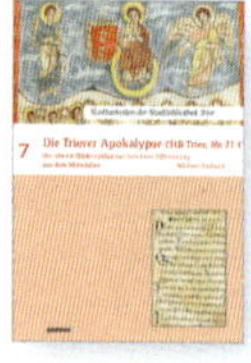

Band 7
Trierer Apokalypse. Der älteste Bilderzyklus zur Geheimen Offenbarung aus dem Mittelalter
von Michael Embach

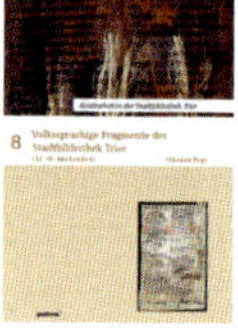

Band 8
Volkssprachige Fragmente der Stadtbibliothek Trier (12.–16. Jahrhundert)
von Nikolaus Ruge

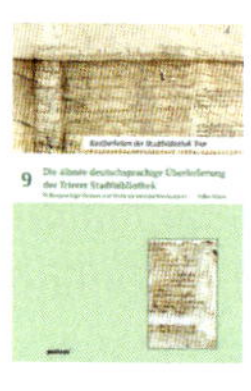

Band 9
Die älteste deutschsprachige Überlieferung der Stadtbibliothek Trier.
Volkssprachige Glossen und Texte im lateinischen Kontext.
von Falko Klaes